专业视角提供财富**保值**、**增值**与**传承**的解决方案

家族财富管理

吴治国 吴珠智·编著

《家族财富管理》从财富管理市场的起源和现状说起，深入介绍财富管理传承的产品、工具、机构等知识，全面、专业、具有可操作性的财富管理方法，以及在家族财富管理中的风险管理。财富管理与传承，也是一项庞大而复杂的专业化流程，它需要不同方向的专业人才和实力雄厚的机构来为家族守富、创富保驾护航。本书在介绍专业知识的同时，讲述了高净值家庭子女的文化教育与价值观传承等案例，增加了可读性，使枯燥的专业知识通俗易懂。

图书在版编目(CIP)数据

家族财富管理/吴治国，吴珠智编著．—北京：机械工业出版社，2020.2
ISBN 978-7-111-64647-1

Ⅰ.①家…　Ⅱ.①吴…②吴…　Ⅲ.①家族－私营企业－企业管理－财务管理－研究　Ⅳ.①F276.5

中国版本图书馆 CIP 数据核字（2020）第 021549 号

机械工业出版社（北京市百万庄大街 22 号　邮政编码 100037）
策划编辑：李　浩　责任编辑：李　浩　李佳贝
责任校对：李　伟　责任印制：孙　炜
北京联兴盛业印刷股份有限公司印刷
2020 年 3 月第 1 版第 1 次印刷
145mm×210mm · 7 印张 · 3 插页 · 168 千字
标准书号：ISBN 978-7-111-64647-1
定价：59.00 元

电话服务　网络服务
客服电话：010-88361066　机　工　官　网：www.cmpbook.com
010-88379833　机　工　官　博：weibo.com/cmp1952
010-68326294　金　书　网：www.golden-book.com
封底无防伪标均为盗版　机工教育服务网：www.cmpedu.com

推 荐 序

上海交通大学上海高级金融学院教授　吴　飞

家族财富管理在中国有源远流长的历史，从魏晋的王谢氏族至民国的金粉世家，家族之所以可以延续百年，除了宗族观念的一脉相承，也源于家族财富的代代传承。追根溯源，中国的家族其实很早就有了家族财富的概念，嫡长子继承制是家族财富传承的重要制度，而祖产、祀田、义庄等产业载体承担了很多职能，如维持家族教育开支、接济家族贫困成员、经济制裁家族成员的不合理行为等。我们似乎能在这些职能中看到家族信托和家族办公室的影子。

改革开放后，财富重新开始积累，历经 40 年，我国诞生了新的家族。随之而来的是喷薄而出的家族财富管理需求。目前我们所说的家族财富管理行业发源于西方，近百年有大量成功案例，也逐渐被我们认识和了解。许多理念如春雨般随风潜入夜，润物细无声。遇见中国市场这样合适的土壤，或许会孕育新的种子，逐渐枝繁叶茂，结出与西方不同的硕果。

然则前途是光明的，道路却可能曲折。在西方的家族财富管理实践中，完善的法律体系是家族规划得以执行的保证。丰富且相对成熟的产品市场，风险与收益相匹配，让家族能更好地评估风险、优化配置，而中国的家族财富管理才刚开始就面临了很多挑战。法律基础不够完善、非有效市场、监管尚不健全、传统文化与现代理念的冲突等问题纷至沓来。市场需要引导和规范，监管需要建议和改善，立法需要反馈和建言，所有这一切，学术界都在积极探索。一方面，从理论上和国外经验上给予更多支持，为此我们做了很多研究，还在做更多。另一方面，更需要的是业界的实践和经验积累。理论研究立足在行业前沿，而市场实践将校验和增加理论的内涵。

《家族财富管理》的可贵之处在于立足业界的视角，从起源沿革到最新实践，为愿意了解和走近家族财富管理的人群介绍了这个悠久又新兴的行业。通读该书，可以了解中国家族财富管理的现状，基础的家族财富管理理念，以及如何借助有效工具和路径来规划家族财富，控制和管理风险。

该书作者既是中国家族办公室行业先行者的掌舵人，也是上海高级金融学院“家族财富首席投资官”课程的学员。多年在家族财富管理行业中执业，历经市场的考验，取得了丰硕的成果。作者在行业有所成就之时，愿意回归校园继续深造，并将自己所见所思总结归纳，落笔成文，既是对自己持续学习的严格要求，也是反哺行业的拳拳之心。正是这样的初心，让我们有理由相信中国家族财富管理终将成为财富管理王冠上璀璨的明珠。道阻且长，行则将至。最后，感谢作者，也祝各位阅读本书有所收获。

前 言

改革开放后，中国出现了大批的高净值和超高净值人士，有改革开放弄潮儿、创业家、商业精英、科技新贵、金融专家以及互联网先锋等。在历史大潮下，符合时代需求的民生产业、互联网科技行业和金融行业，也造就了一批富裕人群。随着新兴产业的迅猛发展，行业精英随风入市，个人财富值更是平步青云，扶摇直上。比如阿里巴巴等新兴科技企业一上市，迅速让一群科技从业者变成身家千万、亿万的富豪。

然而，随着财富的增长，部分高净值家庭，特别是超高净值家庭却迎来了更多的挑战：当宏观经济环境发生变化时，家族企业的主营业务受到了巨大的冲击，未来何去何从；家族内部在财富持续创造和既有利润分配中矛盾重重；家族企业创一代的管理经验更依赖个人领导魅力，接班人常常很难在老团队中树立更高的威信；当家族企业面临代际传承，接班人却无意接班……

我有幸亲历中国资本市场近 20 年的风起云涌，参与和见证了超过 100 个中国富裕家族的崛起和成长，并参与创办了敏闻投资、汉景家族办公室、雨汇资本等资产管理和家族财富管理机构，这些年来，我们团队所接触的高净值人士的财富管理问题复杂繁多，这些问题很可能对富裕家族财富造成损失，阻碍家族企业的发展，加重家族内部的矛盾，甚至形成人身安全危机，使企业传承出现断代和中落。

出现这些问题的大多数高净值人士常常感到迷茫，在财富和事业成长的过程中他们充满了自信和豪情，但在家族财富的管理和传承中我却听到过更多关于“富不过三代”“富贵天定”的慨叹，时代向所有高净值人士提出了一个问题，有什么科学的方法可以使基业长青、财富永续？

早在创业初期，作者就曾经思考过类似的问题：

近200年来，人类所创造财富远超过去5000年人类创造财富的总和，促使奇迹发生的两个催化剂——亚当·斯密的《国富论》和以蒸汽机为代表的工业革命——都发生在英国，但是为什么第一批最富有的群体却诞生在只有短短300年历史的美国呢？

答案其实很简单。一是美国人用现代企业组织创造了财富；二是美国的企业家、金融家不但创造了财富，而且研究了一个财富保值增值的方法，成功地把老钱变成新钱，探索出一条财富的再创造之路。

这条财富再创造之路，不但使整个社会财富暴涨，也为家族企业基业长青指明了方向。也就是说，家族企业基业长青、财富永续有一套可以复制但又不能轻松照搬的方法，这套方法，就是家族财富管理之道。

如今的中国正处于中华再崛起之大变局，同时，我们都知道中国5000年文化和传承，都在一个“家”字里，而今文化复兴，经济繁荣，习总书记也有许多关于家庭、家教和家风的论述。可以说，中国已经进入一个家庭文化和家族文化的时代。高净值家庭数量的井喷和家族企业的遍地开花，使家族财富管理成了迫切的需求。近十年来，中国一直在探求家族财富和文化的管理之道。

与之相对应的是，家族财富管理市场也在蓬勃发展。私人银行、家族办公室、家族信托、家族基金会等机构也如雨后春笋般纷纷成立。理财师、家族律师、税务筹划师、心理咨询师等行业的专才也是十步香草，彬彬济济，在高端金融、法律、税务甚至心理建设方面开疆拓土，蓬勃发展。

大环境如此有利，但中国却有很多高净值人士没有跟上市场发展的脚步，对财富并没有成熟的认知，对家族也没有相对合理的管理，对于家族财富和资产管理没有好的组织形式，对以家族永续和财富传承为目的的财富管理方式也缺乏了解。

对于在摸索中成长起来的创一代企业家来说，他们把更多的精力放在了对企业的建设中，却疏忽了培养财富再创造的家族人才，疏忽了家族文化的建设；由于享受的是中国经济迅速崛起的红利，他们更愿意进行家族财富的增值，而疏忽了财富的保值和传承。

家族财富管理不仅是对钱的管理，更是对人的管理。人才库，是另一种形式的资产表。家族成员对家族财富不仅享有分配权利，还有对财富再创造，让财富生生不息的义务。没有家族财富的再创造和增值，就没有真正意义上的家族传承，也不可能打破“富不过三代”的魔咒。

家族财富管理还是对文化的管理。任正非曾经说过：世界上任何资源都可能枯竭，只有一种资源可以生生不息，那就是文化！在家族财富管理中，不管是财富的保值还是增值，文化恰恰是其根本，这种文化包括家族文化和企业文化，以及两者的融合。成熟的文化内涵，是家族财富永续的有效保证。

总的来说，家族财富管理内涵丰富，它要实现的不仅仅是家族财富的保值增值，还有财富代际转移、隔代转移等内容。它是一个系统工程，需要法律、税务、职业经理、投资规划、信托、证券、保险、基金、银行等多领域专业人才的支持和协助，更需要家族内部成员的共同规划。

我们撰写此书的目的，是站在现代社会家庭和家族发展的角度，为中国当代富裕家族，提供财富保值增值的借鉴和帮助。

《家族财富管理》从财富管理市场的起源和现状说起，深入介绍财富管理传承的产品、工具、机构等知识，全面、专业、具有可操作性的财富管理方法，以及在家族财富管理中的风险管理。财富管理与传承，也是一项庞大而复杂的专业化流程，它需有不同方向的专业人才和实力雄厚的机构来为家族守富、创富保驾护航。

本书在介绍专业知识的同时，讲述了高净值家庭子女的文化教育与价值观传承等案例，增加了可读性，使枯燥的专业知识通俗易懂。

无论是对高净值人士，还是更广泛的受众层来说，本书都有一定的借鉴作用，是学习专业财富管理不可多得的一本工具书。希望通过本书，能够使更多的人睿智地进行财富规划，从容地面对各种风险，胸有成竹地做好财富的保值增值和可持续成长。

目　录

第三篇　借力家族办公室，实现资产规划与传承

|第六章|家族办公室：家族财富规划与传承的载体|

|第七章|管理与服务：家族办公室的价值投资管理之道|

|第八章|合规合法：借助工具提前谋划财富传承|

第四篇　家族财富管理的核心是风控

第一篇
财富管理2.0时代的中国家族财富管理

近年来，中国私人财富总量增幅领衔全球，中国市场财富管理需求高度旺盛，财富管理行业也从初创扩张的1.0时代，过渡到成熟变革的2.0时代：由客户需求推动的个性化定制时代。财富管理不再只是理财概念，而是深入领悟家族财富价值观和家风家教，根据家族的财富管理目标，通过大财富管理平台进行资产配置，进而实现财富保值增值。

第一章
家族财富管理：全球市场西风东渐，中国市场供不应求

过去十年，全球私人财富实现了飞速增长，私人财富最多的美国增长了20%，而中国增幅高达198%，已成为全球第二大私人财富市场，成为全球财富增长新引擎。与之相应的，财富管理市场也西风东渐，在中国逐渐发展繁荣起来。尤其在近几年，中国私人财富进入代际传承高峰期，家族财富传承需求井喷，供不应求。

第一节　前世今生：家族财富管理的起源与发展

一、 家族财富管理的起源

随着欧美地区代际传承成功的案例越来越多，研究家族财富的学者也越来越多。关于家族财富管理的起源，也存在着不同的观点，大多数观点都可以追溯到古罗马时代。具体说来，有以下几种。

（一）管家制度

罗马时代家族内部雇用“domus”（译意：管家）来管理家族财富。这一做法一直延续到中世纪，国王和贵族通过家族的管家来管理自己的财富，并逐渐形成了财富管理的专业知识类别。

（二）信托制度

有学者认为家族财富管理应当以信托制的出现为起点。罗马时期，《罗马法》将外来人、解放后的自由人限制在遗产继承权之外，为避开此规定，这些人将财产委托给信任的人，请受托人代自己向妻子、子女进行遗产的分配和管理，从而实现遗产继承。

这其实是家族信托最原始的形态，英国历史上长期受罗马统治，后来这种信托形式在英国也得到了发展。

11 世纪，英国一些虔诚的教徒愿意死后将土地捐赠给教会，但这种行为却大大损害了封建贵族的利益，封建贵族为此颁布了“没收法”，禁止民众死后将土地捐赠给教会。上有政策下有对策，教徒们将土地交给信任的人来管理经营，并将经营所得捐赠给教会，这在历史上被称为用益设计（Use，源于拉丁语 adopus）。

这本来是一种打法律擦边球的财产传承方案，因为受托人拥有财产的所有权、处置权，受托人完全凭良心行动，导致社会上信任纠纷一时急剧上升，法院不得不介入纠纷。1536 年，英国颁布了一项新法案《用益法》（Statute of Uses），剥夺了受托人受让财产的任何权利，同时也代表着承认了这种信托模式。

随后英国又颁布了《受托人条例》（1893 年）《官选受托人条例》（1896 年）《团体法人条例》（1899 年）等法律条例，这些法规成为英国信托立法的根源，是家族财富管理的法律保证。

18 世纪末到 19 世纪初，信托制度进入美国，里根执政时代到 2008 年金融危机前的第二个镀金年代，美国的高净值人群快速增长，信托业蓬勃发展。随着经济高速发展、法律制度不断完善，家族信托管理行业逐渐走向成熟，成了私人财富管理行业不可缺少的工具，越来越多的高净值人群愿意选择信托来管理和经营家族资产。

美国最具有典型意义的家族财富管理，就是洛克菲勒（Rockefeller）家族于 1882 年成立的家族办公室，在家族办公室的引领下，洛克菲勒家族很早就采用了信托的管理模式（如图 1-1 所示）。

洛克菲勒家族的第一桶金来自于 19 世纪下半叶，家族创始人约翰·戴维森·洛克菲勒（John Davison Rockefeller）创办的美孚石油公司，是美国第一个创下 10 亿美元财富的企业，成就了家族第一代的辉煌。他去世后，为子孙后代留下了 14 亿美元的财富，相当于当年美国 GDP 的 1.5%。为了管理财富，他在世时，就设立了家族办公室。

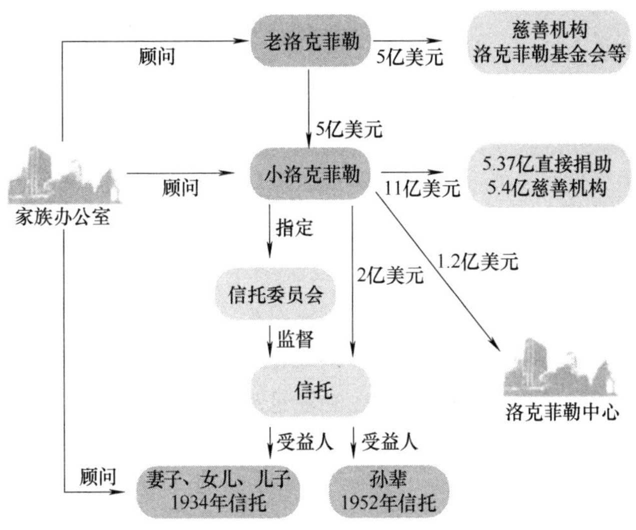

图 1-1　洛克菲勒家族办公室结构图

洛克菲勒家族办公室在财富管理上采用家族信托的模式，这个信托结构比较复杂，也很私密，根据现有公开的资料显示：1934 年，60 岁的小洛克菲勒初次设立家族信托。在这次信托中，他是委托人，受托人是大通国民银行，受益人是小洛克菲勒的妻子和 6 个孩子；1952 年，小洛克菲勒再次设立信托，受益人是小洛克菲勒的孙辈们。家族信托有效地保证了洛克菲勒家族巨额资产的完整性。

由于人性的弱点，家族财产传承通常都会产生矛盾，依靠道德约束、品质评价难以保全，必须要制订财产传承理念与制度设计。洛克菲勒家族有一个重要的价值观，那就是崇尚节俭、热衷造福、积极慈善，1913 年，洛克菲勒基金会成立，聘请专职的慈善事业经理人负责慈善事业。

在家族办公室+家族信托+家族基金会的财富管理模式下，洛克菲勒家族如今已经传承了六代，据福布斯财富榜单显示，其财产约值2000亿美元，家族成员也发展到了200多人，从来没有过争产的传闻。

而今洛克菲勒家族百年财富有序传承，子孙从不争产，家族文化薪火代代相传，与其成熟的家族财富管理体系密不可分。

（三）私人银行

有学者认为家族财富管理应该以私人银行的出现为起点，这是家族财富管理发展的里程碑事件，标志着将家族的工作从家族内部分离出来，成为一个独立的生意或行业。

关于私人银行的起源也有两种说法，一种是十字军东征，欧洲古典贵族有一个传统，亲自带兵出征，出征前，他们将家中财产交付给留守的贵族代为管理，这就是私人银行的雏形。另一种说法认为私人银行最早出现在16世纪的法国，在宗教和贵族的权力斗争中，一批贵族被驱逐出境，这些人流浪到瑞士，为了生存，他们参与皇室上层的财富管理，成为第一批私人银行家，而欧洲的皇室及上层是他们最初的客户。

早期的私人银行也是个人私有，但到18世纪末，瑞士私人银行开始接受家族外的资产来扩充银行资本，私人银行逐渐发展成一种股份制企业。到19世纪，瑞士私人银行已经凭借充裕的资金成为各国高净值客户的海外融资中心，并将货币兑换、资金转移、资产管理、票据贴现等业务发展到整个欧洲，也帮助客户处理遗产和规避税收。

为了保护客户的安全，私人银行具有私密性，早期私人银行的客户群也很独特，仅限于特定的拥有巨大财富的个人或家族，业务明显区别于现代金融业的主流服务。

二、 现代财富管理的发展

现如今，高净值人群不再只属于少数贵族，更多没有特权的奋斗者成为高净值人群，这些人为家族财富管理拓展了边界，也赋予了家族财富管理更丰富的业务内容。现代财富管理的发展包括以下几个阶段：

（一）理财业务出现

现代家族财富管理的重要源头是个人理财业务的出现。最早推出的个人理财业务出现在20世纪30年代的保险业。保险公司为了提高销售额，不仅为客户提供购买保险的指导，还帮助客户规划保险收益并办理相关手续，后来基金销售业务也效仿它，推出为客户理财的规划业务，但此时财富管理理念尚未形成。

（二）理财规划师协会诞生

第二次世界大战以后，全球金融制度改变，资本市场繁荣发展，理财市场竞争者增加，银行和一些大型金融机构纷纷进场，随着理财管理的需求扩大，财富市场对专业人士的需求增加。1969年，第一个国际理财规划师协会（IAFP）诞生，这标志着财富管理迈入专业化道路。

（三）客户群体得到扩展

20世纪80年代以后，美国经济繁荣，家族财富管理业务不断拓展，各种理财机构积极强化自己的管理实力，而传统的家族财富管理机构也随形势开始转型，客户不再只局限于极少数拥有巨额财富的家族，也扩展到其他富裕人群，丰富了业务类型。

（四）金融市场繁荣发展

到20世纪90年代后，家族财富管理行业呈现出逐渐统一的趋势。传统的家族财富管理机构全部开放经营，一些私人银行甚至公开上市，而金融机构也加强了对家族财富管理市场的争夺，股票、外汇、信贷及金融衍生品等投资被纳入财富管理的内容当中，税务筹划、养老规划和离岸账户管理也成为财富管理的主流业务。西方各国先后放开对金融市场的管制，财富管理服务的业务范围也在持续扩大。

如今，家族财富管理模式在西方国家已经十分成熟。尽管金融危机让投资者对金融系统产生怀疑，但从长期来看，世界人均GDP的持续上升，使金融市场得以有效运行，推动了全球财富的增加，财富的增长为私人投资开辟了极大的发展空间。

私人财富的增长必然也对家族财富管理机构提出更高的要求，只有在行业内保持竞争优势，才能保持机构的长盛不衰。同时也带动行业整体水平的提高和专业人士素质的提升，加速拓展私人财富增长的空间，形成正向循环。

总之，私人财富管理的是世界上80%永不眠的金钱，金钱的活跃、充裕，都会使财富管理市场更加蒸蒸日上。

第二节　西风东渐：中国家族财富管理行业发展趋势

改革开放以来中国实现了让世界瞩目的经济高增长，中国特色社会主义市场经济的蓬勃发展造就了一大批以制造业、地产业、金融业和科技创新产业起家的富豪家族，尤其近十年来，中国的高净值人群与日俱增。

一、 中国高净值人群现状

招商银行和贝恩公司联合发布的《2017 中国私人财富报告》显示了近十年来中国私人财富市场的变化。

（一）中国私人财富市场总量增长了五倍

报告显示：近些年，中国私人财富市场经历了快速增长，以2006—2016 年为例，中国的私人财富市场规模增长了五倍。2016 年中国个人可投资资产（包括金融资产和投资性房产）总体规模达到 165 万亿元人民币，而 2014—2016 年的年均复合增长率一度达到 21%，处于领先地位的是其他境内投资，增速达 35%。2012—2014 年，投资性不动产净值年均复合增长率只有 8%，到 2014 年年底，央行开启“降息降准周期”，房地产市场开始复苏，这一数值回升至 30%。私人财富管理市场持续释放可观的增长潜力和巨大的市场价值（见图 1-2 和图 1-3）。

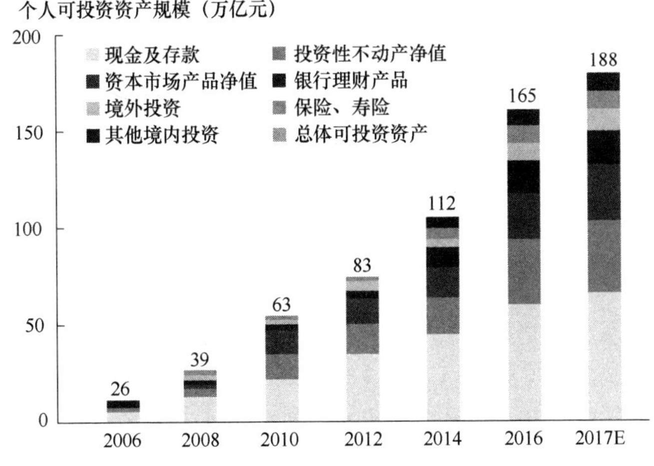

图 1-2　中国个人可投资资产规模增长走势

	总体可投资资产	其他境内投资	保险、寿险	境外投资	银行理财产品	资本市场产品净值	投资性不动产净值	现金及存款
复合年均增长率（2006—2016）	20%	55%	20%	38%	35%	27%	25%	15%
复合年均增长率（2012—2014）	16%	48%	18%	20%	40%	27%	8%	11%
复合年均增长率（2014—2016）	21%	35%	23%	26%	29%	22%	30%	15%
复合年均增长率（2016—2017E）	14%	26%	15%	10%	15%	18%	12%	11%

图 1-3　中国个人可投资资产规模复合年均增长率

（二）中国高净值人群数量高速增长

2016 年，中国的高净值人数达到 158 万，与 2014 年相比，增加了 54 万，年均复合增长率达到 23%。其中，可投资资产超过 1 亿元人民币的超高净值人数约有 12 万人，年均复合增长率达到 32%，可投资资产 5000 万元以上人士约有 23 万人，年均复合增长率达到 25%，而 2018 年的最新数据显示高净值人数已达到 197 万人，近十年，中国高净值人数高速增长（见图 1-4 和图 1-5）。

（三）中国私人财富规模快速增长，已成为全球第二大私人财富市场

2016 年，私人财富规模最大的是美国，占比 31%，中国位居第二位，占比 14%（见图 1-6）。

欧美发达市场，由于社会分配制度几百年不变，个人财富积累已经经历过代际更迭，但中国的高净值人群更多地出现在

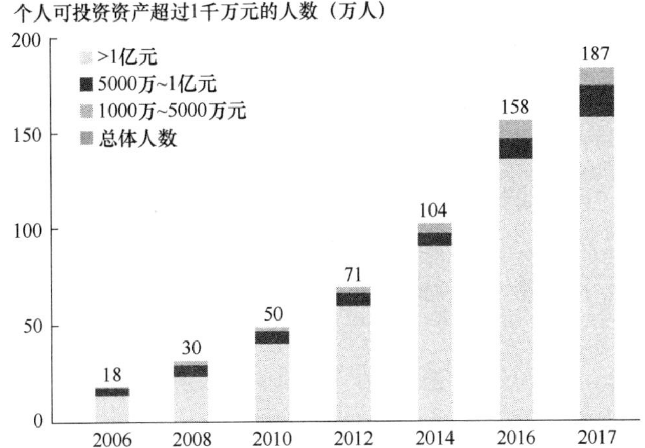

图 1-4　中国个人可投资资产超过 1000 万元人数增长走势

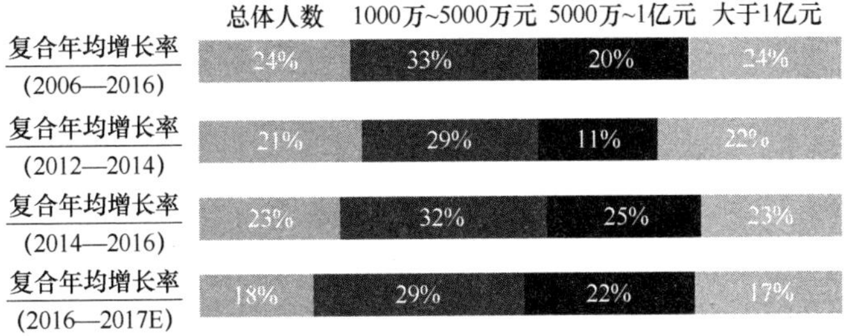

图 1-5　中国个人可投资资产超过 1000 万元人数复合年均增长率

1978 年改革开放后，积累财富的时间最长不过 40 余年，中国第一代企业家的年龄平均为 55 ~ 75 岁，大多还活跃在经营第一线。

2008 年的胡润百富榜显示：上榜富豪平均年龄为 48. 3 岁，50 岁以上的富豪数量十分可观。根据美林全球财富管理公司的《2009 世界财富报告》：在香港，有 70% 以上的上市公司仍操控在创始人手中，至少半数企业掌门人超过 70 岁。

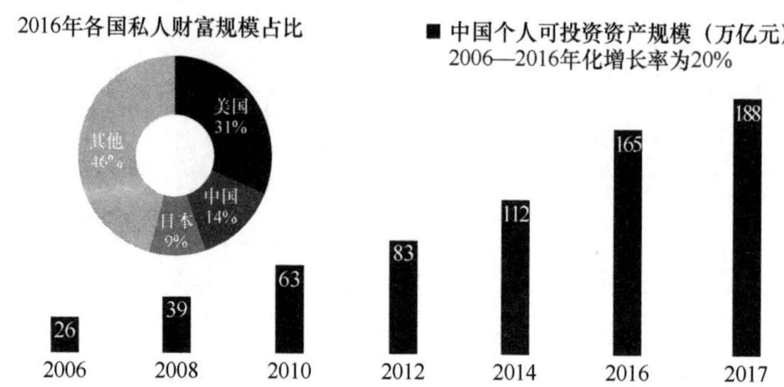

图 1-6　中国个人可投资资产规模及 2016 年各国私人财富规模占比

随着创一代的衰老，不管是辛苦创造的商业帝国，还是家族财富，都已经进入了代际传承的高峰期。

然而，根据中国民营经济研究会家族企业委员会在 2015 年发布的《中国家族企业传承报告》显示，在抽样的 839 家家族控股企业中，仅有 92 家企业顺利完成了两代人的交接班，还有 89% 的企业无法顺利传承，财富的管理规划也大多处在萌芽期。

对中国的家族企业来说，财富的传承还是较为崭新的话题，他们创业能力强，但守富意识不够成熟，加之有些家族涉及独生子女问题，导致传承选择极少。但不管怎样，企业的交接班需求、财富的传承需求，已经为家族财富管理行业创造了巨大的机会。

二、 中国财富市场现状

中国私人财富管理市场起步较晚。2007 年中国私人银行开始萌芽，十七大报告中首次提出了“财产性收入”的概念，标志着中国正式进入财富管理时代。

可惜的是，国内市场尚未展开就出现了移民潮，中国的高净值人群等不到财富管理市场的成熟，就开始进行财产转移，也带起了一波海外投资热。

这是因为国内的财富市场存在着诸多问题。

（一）法律不够完善

目前，我国财富管理业务包括委托、信托、有限合伙等几种法律关系，财富管理行为的法律关系模糊，管理机构与客户的法律关系无法统一，在业务方面也缺乏统一的界定，使得司法实践面临很多问题。对高净值人群来说，权益得不到保护，而对管理机构来说，又有很大的经营风险。

（二）缺乏有效的市场需求

经济学中的需求，是指在一定的时期内，在既定的价格水平下，消费者愿意并且能购买的商品数量。而财富管理市场中的有效需求，是指因承担特定风险而获得收益的一种需求。目前中国的财富管理市场，很少有机构重视投资者教育，对有效需求进行界定。在资管产品日常信息持续披露中，由于沟通不充分，交流不彻底，导致财富管理市场出现了顽疾——刚性兑付。

所谓刚性兑付，简单说就是投资者依赖投资机构或平台投资，机构或平台会在合同中保障投资者的本金和收益不受任何损失，并到期返还本金和收益，风险完全由机构或平台来承担。

在刚性兑付环境里，如果风险不能被机构或平台彻底消化，积少成多，就会产生系统性风险。

同时，刚性兑付使投资者无法成长，不用花时间认真研究产品，不用去考察企业的信用状况，一味地依赖机构和平台，还将属于理财层面的产品与其他不同类的产品一概而论，把所有投资产品都归为保本保收益类产品，造成投资失误。

但培养市场真实的有效需求还需要很长时间，需要资管机构加强投资者教育，逐步提升金融消费者对创新产品的认知能力。

三、 中国财富管理行业现状

目前，我国财富管理机构有家族办公室、私人银行、信托机构、保险公司、第三方财富管理机构、律师事务所等，可谓“百花争艳”。

（一） 家族办公室

家族办公室是最主要的家族财富管理与传承的专业机构之一。这种管理机构最早是 1838 年摩根（Morgan）家族成立的摩根之家（House of Morgan）。真正意义上的家族办公室则是 1882 年洛克菲勒家族建立的家族办公室。2012 年，中国引入家族办公室，经过近十年的高速发展，以及国内和国际经验的积累，如今这一体系逐渐走向成熟。

如著名的汇信家族办公室，一方面借鉴国外家族办公室模式，另一方面又结合国情与时俱进，由客户需求驱动，把握家族财富的理财战略，丰富资产配置方式。目前汇信家族办公室人才储备充足、质量过硬，深受高净值人群的欢迎。

（二） 私人银行

2007 年 3 月，中国银行在北京成立了第一家私人银行部，这标志着私人银行业务开始进入中国财富管理市场。

目前，国内私人银行以服务为主，投资服务、融资服务、顾问服务和增值服务四位一体，同时实行“1 + 1 + N”的服务模式，即对高净值人群实行一对一的客户服务，每一位高净值人士都会配备一位专业的客户经理，而客户经理则代表一个投资团队。

（三）信托机构

我国的信托业务发展比较早，1921 年，上海出现了第一家信托机构——中国通商信托公司。1979 年 10 月，中国国际信托投资公司成立，但在高度集中的计划经济管理体制下，信托没能得到发展，直到 2007 年，由于银信合作不断深化，信托业得到了飞速发展。2012 年中国首个家族信托产品落地。

目前，很多财务管理机构都开始涉足这一行业，如金融机构、第三方财富管理机构，激烈的竞争使信托业的发展十分成熟。

（四）保险公司

随着人寿保险成为财富传承和资产配置的主要产品后，保险公司也开始慢慢介入家族财富管理行业。如今，保险产品逐渐增加了储蓄、投资、财富传承等保障功能，更成为高净值人群的最爱。

（五）第三方管理机构

1997 年，第三方财富管理机构开始萌芽，经过二十年的发展，如今的第三方管理机构相较于传统的金融机构，已经有越来越多的优势：产品线更丰富；因为对接各种金融机构、咨询系统、投资人等，信息也更灵通。

根据公开数据显示，截至 2017 年年底，中国财富管理市场参与者主要有银行、保险、信托、公募及私募基金、券商资管及第三方财富管理机构。产品种类繁多，涵盖了银行理财、信托、股权投资基金、股票投资基金、债券投资基金、券商资管计划、保险资管产品、投资型保险、期货资管等。

四、 中国财富管理行业的未来发展

未来几年，财富管理行业将迎来以下几方面的大发展：

（一）监管逐渐完善

资产管理和财富管理都是典型的跨市场交叉性金融工具，监管不当不利于金融创新，也会加大金融风险，而且财富管理机构良莠不齐、业务执行缺乏统一标准。因此，为了改善现状，监管会越来越严格。2016 年 4 月 15 日，中国基金业协会发布《私募投资基金募集行为管理办法》，并于同年 7 月 15 日正式实施，因此，业内人士称 2016 年为财富管理的“规范元年”。2018 年 4 月 27 日，《关于规范金融机构资产管理业务的指导意见》（银发〔2018〕106 号）正式出台。未来几年，我国将进入强监管时代，将更多更有效的监管政策落地与实施。随着监管政策不断更新与加强，财富管理行业将从盲目追求规模到追求规范发展。

（二）财富保护传承需求进一步扩大

财富传承不只是物质资产的传递，还是精神财富的传承。未来的财富管理行业，必然受高净值人群财富管理意识加强的影响，考虑他们的新需求。

未来三年，是高净值人群将财富传承规划提上议事日程的重要三年，也是其对财富传承观念的理解不断加深的三年，财富管理行业必然会以财富保值传承为主要需求目标而制订相关的发展策略，开始全盘规划家族财富管理，从个人财富管理拓展到家族企业传承规划，扩大业务范围。

未来会有越来越多的高净值人士选择和机构合作规划财富传承，财富管理机构有望凭借成功的操作案例触发更多潜在客户的需求，吸引更多高净值人士来享受相关服务。

（三）银行理财行业将回归本源之路

为适应新规和竞争，银行资管必须要回归本源。各银行资管机构需明确各自的发展定位，充分利用渠道客源优势，建立全市场投资能力，向主动管理型转变，直投和委外并举；同时完善产品体系，向产品净值化转型，产品营销注重差异化协同；重点培育领军人才团队，完善晋升和薪酬激励机制；设立资管子公司，明确子公司的战略定位；向智能资管转型，完善系统，拥抱科技。

（四）高净值人群的保险需求将得到深度开发

受经济增速趋缓的影响，高净值人群的财富保值意识会更加强烈，同时保险业推出的高投资高收益产品提升了其产品吸引力，也打开了保险业的高端市场，成为高净值人群资产配置的主要产品。未来，保险产品会越来越聚焦财富保值传承功能，保险营销也会以高净值人群的保值增值需求为出发点。

（五）基金公司将迎来转变和发展

伴随着大资管时代来临，理财市场竞争格局重塑，基金牌照红利逐步弱化，行业发展面临资金募集难度加大、产品发行严苛、投资管理难度增加、合规监管趋严等问题，因此，投研能力将进一步成为未来业务发展的核心竞争点。对处于激烈竞争中的基金公司来说，一方面，要不断丰富产品类型，满足投资者多样化需求；另一方面，要发展智能投顾，根据客户的风险收益偏好，提供个性化资产组合，降低收益波动性，进一步提高投资的风险收益比。

（六）金融科技将深度融入私人银行服务和财富管理，触发变革

一些专业的客户经理提供的优质服务，使高净值人群对各种数字化服务手段逐步熟悉，对互联网、新技术，尤其是金融新科技，普遍持开放态度，愿意通过互联网、移动端和远程会议等方式接收信息及服务。而这也会为金融科技的发展创造条件。

传统意义上的财富管理更多面向超高净值客户的“私人定制”，但金融科技的发展，使规模化、低成本成为可能，相信大众理财将逐渐成为我国财富管理行业又一重点发展领域。

对于超高净值人群来说，他们的视野开阔，信息灵通，对数字化服务的响应速度、对服务质量的期望将不断提升。享受到数字化的优良体验，也会提升客户的忠诚度。

金融科技的快速发展，也将对财富管理行业的服务机制和运营模式带来变革式的影响，金融科技的运用有望深度融入私人银行的服务、运营中去。

（七）智能投顾

未来，以人工智能为代表的创新技术，将加速金融科技公司的变革，凭借现代信息技术的智能投顾正在改变财富管理行业。

目前，中国智能投顾行业还处于萌芽状态，市场环境、政策法规、投资者心态都不健全，即便如此，中国的初创金融科技公司、BATJ 科技巨头、互联网金融公司、传统券商、银行等行业

领头羊，仍然凭借自己的优势在智能投顾方面布局。

而智能投顾降低了财富管理的门槛，加上费率低，能为更多普通投资者提供精准的财富管理服务，使财富管理行业普惠化。同时，人工智能及大数据技术，又使智能投顾可研发出更多的资产配置组合，从而逐步实现财富管理多元化。

总之，中国财富管理行业前景大好，必然会吸引资本和技术纷纷进场，激烈的竞争使财富管理行业更快走向成熟。

第三节　恪守理念：先“守成”后“传承”

据麦肯锡发布的报告，全球家族企业的平均寿命只有 24 年，仅有约 30% 的企业可传到第二代，传到第三代的企业则更少，只有不到 13%，三代后，只有 5% 的家族企业还能继续为股东创造价值。

不排除有些“败家子”，因为奢侈消费，或者在项目投资、业务扩展的“豪赌”中失败，致使代际传承失败，但也不乏管理森严的家族，其财富的所有权由于继承、离婚导致分散，内部无法团结一致，家族特有的核心竞争力丧失，无法继续创造价值。还有一些家族核心业务板块受到创新企业的挤压，家族掌门人没能跟上时代的步伐，逐渐被竞争对手淘汰、取代，退出历史舞台。

大量传承失败的案例启示我们，在代际传承中，财富管理和传承架构至关重要，风险控制必须成为要义，创一代要有更成熟的财富理念，接班人要有创富的能力，更要懂守成之道。

创一代会更加注重创造财富，而代际传承的过程中，第二代应在资产保全的前提下更多地关注财富的可持续发展，让大笔财富稳固下来为当务之急。

对凭借改革开放这一契机成长起来的高净值人群来说，提高收益仍然很重要，在2009年及2011年的调研中，“创造更多财富”是这些人财富管理的首要目标。

殊不知，只有在经济高速发展期，机遇多，市场保护得好，才会有高收益。

拿刚性兑付产品来说，这是国内才有的一种市场保护，但随着国内市场愈发成熟，监管必然会打破刚兑，一旦资本进入非刚兑的环境，高收益产品，可获取更高的风险溢价，也会遭遇更高的风险，因此，财富管理必须要转变观念。

高收益的背后，永远是高风险，事实上，即便是投资经验丰富的高净值客户，往往也很难察觉到全部的风险。

内地某商二代，父亲在香港拥有一家注册公司，身家千万。财富传承到他手上后，他委托银行客户经理理财，在境外某银行开户投资后，因为过于依赖理财顾问，不但赔光了全部身家，还倒欠银行巨额债务。

这场变故的罪魁祸首是一种叫KODA的投资理财项目，它是银行顾问销售的金融产品。

KODA金融衍生品（又称：累计期权），它可以和外汇、股票、期货、石油等联系在一起，其本质上是一份合约，但最具吸引力的特性是投资者能以大幅低于市价的固定价格购买股票，然后以高于市价的价格出售股票，如果是在较平稳的市场不断积累长期关注的股票，基本是零风险的买卖。

当经济持续增长，牛市上行，赚钱看起来似乎非常容易，很难有人抗拒这样的赚钱机会，但凡事总有两面，一旦熊市来临，股价下跌、交易无法取消，KODA就会成为凶狠的吃钱机器。

这位商人将所有的财产都存在了这家开户行，并委托银行客户经理来投资，客户经理于是向商人介绍了KODA，称它是“打折的股票”，收益高，成本低，这是他们私人银行专门给大客户准备的，一般人享受不了。

他很信任客户经理，选择了这种产品，结果就出现了开头所说的悲剧，短短一年，他赔了 8000 多万港元，又倒欠银行 9400 多万港元，实际亏损为 1.75 亿港元。

银行向法院起诉要求商人还款，他应诉时，指控银行客户经理在表述时涉嫌欺诈，但最终法院判决他败诉。

这位商人选择财富管理模式过于草率，缺乏资产的安全防护措施，资产配置全凭私人银行的客户经理操作，不懂金融产品，又过于信任一种关系，种种因由导致了最后的悲剧。

近年来，风险的本质正在发生巨大的转变，投资零回报甚至负回报的概率越来越高，传统的风险管理工具已经过时，此时守成就更加重要。

对超高净值人士而言，身边不乏各种投资理财的机会，然而，机会背后往往也蕴藏着风险，赚钱自然要冒风险，但如果进行合理的资产配置，就可以规避此类风险。

资产配置不是用来提高收益的，而是用来降低风险的。对于高净值客户来说，一定要学习巴菲特的不懂不投原则，巴菲特说：如果有人跟你说帮你赚快钱，那你一定赶快回绝。

这还只是投资决策失误的风险，在代际传承中，还有婚变冲击与隐患风险，公私资产不分风险，接班人接班不力、领导不力风险，缺乏税务筹划风险，还有家族自身弱点等风险，不一而足。

就拿婚变风险来说，有一位明星猝死后，他的家人展开了漫长的遗产争夺官司。这位明星经历过两次失败的婚姻，有两个女儿，女儿们对他的财产情况全不知情。这位明星突然猝死，没来得及立遗嘱，导致两个女儿在处理后事时发现身家几千万的父亲，账户里仅剩一百万元，一座别墅还处于还贷中。

如果预先重视财产管理和传承的理念，设立信托、设计保险架构，那么财富也就不会有瞬间消散殆尽的危险了。

在当下的财富管理和传承理念中，加强风险管理必须是重中之重，从风险管理的角度看，财富并不仅仅是用货币去计算，更应该用风险来衡量。不管是创一代还是富二代，在管理财富时，不要看你累计和创造了多少财富，而是看你的资产存在多少风险，存在哪些风险，是否有隔离、消化、转移风险的安全措施，这些财富最终能否留得住、传下去。

其实财富管理，风险把控等问题，在创一代就应该得到重视。当企业的发展日具规模，对风险的管理和控制就会成为企业管理的优先目标，这一经验对企业、对个人、对家族财富传承同样适用。

看那些没落的富豪家族，如果在大厦倾覆之前，有风险控制意识，或者接受专业管理团队的帮助，做了资产分散和隔离的安排，从主营业务中剥离一定的现金和金融资产，无论是通过保险还是信托配置资产，分散一部分风险，也许今天他们仍然还活跃在世界上。

总之，风险管理应该是家族财富管理战略的中心目标之一。哪怕在经济环境大好的时代，做好风险管理也绝非易事，何况如今的投资环境越来越复杂，创业越来越艰难，不过，只要将“财富保障”作为首要目标，以风险管理为优先目标，坚持先守成再传承，就能实现财富的稳健增长。

第四节　高瞻远瞩：尽早找到基业长青和财富永续的金钥匙

哈佛教授约翰·戴维斯（John Davis）一直从事家族企业财

富研究，他发现：家族财富的发展路径无外乎三种情形：

第一，快速消散型，即在第一代和第二代，财富终结；第二，“富不过三代”型，财富传承到第三代，因内外多种因素，财富消失殆尽；第三，财富创新型，第二代和第三代接班人都具有极强的创富能力及高超的领导力，家族企业得以推陈出新，财富不断大幅增长。

我们知道，家族财富传承中有这样的规律：创一代越是有着无可撼动的地位，其后代子孙就越是难以支撑企业，因为创一代的能力、声誉、社会关系等其他特殊资产难以直接传递给子孙，子孙必须要重新在企业中树立权威，才能让基业稳固。

这也是为什么创一代已经八九十岁，依然活跃在企业前沿的原因，但即使创一代曾经创造过财富神话，有着超强的领导力，没有新的创造力，同样会使公司价值不断减损。

香港商人林百欣去世后，其旗下丽新系公司股价大涨，涨幅接近50%，就是因为人们对变革给予了超高期望。无独有偶，邵氏兄弟行政主席邵逸夫也发生过因病入院而公司股价大幅上涨的情况。

这些充分说明，家族企业在成长的过程中，需要不断变革，接班者必须能给企业带来新的成长力量、新的思想、新的时代意识以及新的希望。

任何企业，要想基业长青、财富永续、地位不可动摇，就必须拥有独特的竞争优势，对家族企业来说，这种独特的竞争优势，往往反映在领导人的领导魅力上，这就要求每一代领导人都必须有卓越的领导力，并跟随企业共同成长。

总体来说，要想家族基业长青、财富永续，就要注意以下几点：

一、 尽早规划家族成员的成长计划

爱马仕家族如今也传承到了第六代，他们非常注重家族成员的成长计划，从继承人6岁时就已经开始规划了。爱马仕家族在孩子6岁的教育理念是延迟他们的满足感，以此培育其强烈的责任感。10岁时，教育者开始评估每个孩子的个性，对家族企业和赚钱的兴趣，并根据孩子的情况，让每个人了解到自己身上的责任。家族成员满21岁后，会获得探索世界的自由权利。此时，长辈会指引其发展目标，双方共同制订一个满意的计划。这样，不管接班人倾向于独立创业还是愿意在家族企业实习，都能得到上一代的鼓励和指导，使孩子们自我价值的实现和家族企业的传承不会出现矛盾。

家族财富的未来，要依托于家族后代人，因此，家族成员的成长对家族基业来说重中之重。对后代的培养，不但要规划其成长方向，还要传递正确的财富价值观念，最主要的是让接班人明白，现有的财富，是上一代人创造的，自己只有更好的财富创造能力，才能更好地接管财富。

其实，在所有企业的传承过程中，家族企业更具有优势。戴维斯教授在研究家族财富中发现了这个规律：家族企业比非家族企业更能完成企业永续的计划，因为家族对企业的责任感更强，对企业规划的时间更长、专业度更深，当然，这种专业深度更多地表现在对子女从小的培育上。

当家族财富管理行业越来越成熟、规范，对子女的教育培训也必然是其中的项目之一。通过更多专业人士的培养，接班人能更早地掌握企业的理念，更能有意识地完成创新的创举，这有力地保障了家族企业的创新、转型甚至重生。

当然，培养后代需要量体裁衣，尤其是在代际传承时，更要依据孩子的能力进行。

李嘉诚有两个儿子，两人性格迥异，长子李泽钜谨慎守成，次子李泽楷张扬创新。在代际传承中，李嘉诚将现有实业交于李泽钜，辅以家族信托，同时，给予李泽楷资金支持去开展新的事业。

只有用适合的人做适合的事，才能事半功倍。李嘉诚的财富传承经验说明：要考察孩子的个性，根据个性来进行财富传承和分配才会有的放矢。

二、不断关注价值创造和增长趋势

这是一个充满科技创新的时代，也是传统遭遇颠覆的时代，哪怕是最辉煌的企业，被颠覆、被淘汰也可能只是瞬间的事。不管是在财富的创造中，还是在财富的传承中，必须要有危机感，有不断关注价值创造和增长趋势的能力。

高净值人士不但要有这种能力，还要培养后代这种能力，将其形成企业的理念，家族的理念，让企业永远充满朝气，让家族精神永远不颓，那么企业和个人就能在遭遇局势转折、变化时，重新组织力量，东山再起。

三、提高家族凝聚力

在没有专业管理团队时，家族凝聚力只能靠家族领袖的远见卓识、能力和权威，但有专业人士的介入，就可以通过各种方式增强家族成员之间的关系，例如，周末聚餐，家族年假，或者是描述家族文化、建立家族的价值观和愿景，乃至建立家族宪章。

1900 年创业成功的穆里耶家族，其旗下有多个世界500 强企业，如欧尚（Auchan）、迪卡侬（Decathlon）等，还有多家跨国企业，穆里耶家族传承百年不衰的秘密，就是在家族价值观的基础上提高家族凝聚力，使家族文化渗透到每个家族后代的骨子里。

不管是企业传承还是财富传承，最重要的永远不是后代该享有怎样的职务、享有多少股份，而要把企业家精神、家族的价值观传承给后代。当接班人从物质和精神上都武装完毕，那么无论将来的家族企业如何发展，投资环境多么复杂，家族企业和家族财富都能够持续进步，保证家族财富的保值增值。

第二章

你不保财，财不保你：不保值，财富会在时间隧道中贬值

对富豪家族来说，赚钱容易，守财难。费尽辛苦创下的财富跑不过印钞机、敌不过通货膨胀，财富就会大幅缩水。而经济下行、金融危机、汇率波动、政策的变动，都可能引发财富的大幅缩水。时间是一把杀钱的刀，对高净值人士来说，哪怕拥有巨额财富，不积极理财，财富一样可能一夜之间转头而去，不再专属于你。

第一节　不保护财富，如同河水断流

古希腊历史学家、哲学家色诺芬说过：任何看起来有价值的东西，如果不知道该如何使用，不挖掘和保护其价值部分，那么它就不能成为财富。

对于高净值人士来说，守富难于创富。

但目前大多数中国高净值人群对此毫不重视，对财产和企业没有任何保护和规划措施，这使守富变得更具有挑战性，也更容易被外界所侵扰。

对高净值人群来说，有可以预见的风险，也有完全不可知的"黑天鹅事件"，可知的风险，如经营风险、婚变和家族矛盾等，而黑天鹅事件则完全是不可测的。

财富最大的特性是流动的，具有吸引财富的能力和运气的人，财富自然如江河源源不断，没有管理财富的能力，家族没有蓄水池，它必然会滚滚而去。

近几年，经常会听到很多有钱人一夜之间钱没了的故事：经济下行，开店亏损的；开小饭店，被连锁饭店挤垮的；开服装店、电子城，被网店打败了的；遭遇非法集资，多年辛苦钱被骗的；买房子买到最高点，首富变成了首负的；被一群不靠谱的"朋友"欠债不还拖垮的；煤矿铁矿，价格遭遇暴跌70%厄运的……

改革开放后，中国出现了几轮创富潮，"世界工厂"和创业创新成为重要推手，很多民营企业主，赶上了潮流，抓住了机遇，借此创富潮实现了富豪梦。但随着劳动力成本提高，智能制造成为大势所趋，大面积的低端制造产业无法升级转型，如果家族没有进行创新型发展，后续没有卓越的家业支撑，则家业无法延续，财富只有大量缩水或者破产。

高净值人士也有重坠贫困的情况，主要发生在矿产、房地产和钢铁等领域。这些领域的富人夸大了自身的能力，忽略了时代赋予的运气，而且精神空虚，在获得财富后，便奢侈消费。他们看不透社会游戏的规则，更看不到期间细微的变化，没有提升自我、保护财富的意识，更没有财富保护措施，因此守不住财富。

沃伦·巴菲特说："一个人一生能积累多少钱，不是取决于他能够赚多少钱，而是取决于他如何投资理财，人找钱不如钱找钱，要知道让钱为你工作，而不是你为钱工作。"

有一段时间曾出现过"80% 富人将返贫"的论调，一些学者认为"过去 40 年来中国经济发展，主要靠人口红利、廉价资源和民营机制创新。如果人口和资源都已经严重透支，民营经济发展遭遇权贵外资的遏制，中国经济势必将进行一次改革开放以来最深的调整。"

的确，你不主动保财，财富不仅没法在未来增值，还很可能现在就开始贬值，而且会使你的生活水平下降一个台阶。当社会开始财富重组，过去的创富模式已经不适宜现在的经济发展趋势，高净值人群必须要重视起财富管理，为财富加上安全保护和专业管理。

第二节 通货膨胀是一把财富的砍刀

通货膨胀，是指在货币流通条件下，因货币实际需求小于货币供给，即现实购买力大于产出供给，导致货币贬值，进而引发的一段时间内物价持续上涨的现象。简单来说，通货膨胀就是货币超发，导致的后果就是物价上涨，从而造成财富缩水。出现通货膨胀主要有两方面的原因：一个是主观原因，另一个是客观原因。

主观原因来自于执政者的决策，当一个国家的执政者过度强调自身利益及政绩需要时，就会不断发行货币，市场泡沫由此产生，最终带来后果就是严重的通货膨胀，津巴布韦就是在这个原因下造成严重通货膨胀的典型代表国家之一。

津巴布韦曾经是南部非洲继南非之后的第二大经济体，但是在2000年以后，前总统穆加贝开始大力推行“土地改革”政策，过度放开土地市场，推动土地价格上涨，从而让货币发行失去控制，最后导致国家经济走上了严重通货膨胀的道路。在2001年，100津币还可以兑换1美元，到2009年时，1美元就需要10^{31}的新津币才能兑换，津币成了彻头彻尾的垃圾货币。于是津巴布韦开始实行多货币政策，到2018年年底，共有九种货币同时在津巴布韦流通，但本国货币却并不在列。

津巴布韦事件也有客观原因，经济危机、金融危机等不可预测事件的发生，使国家不得不出手调控，发行货币，应对和抵御危机，防止经济崩溃，但危机过后，必然会出现通货膨胀，无论是发达国家，还是发展中国家都无法回避，区别只在于通货膨胀率的高低不同而已。通货膨胀的盛行，意味着人们手里的财富在不断地缩水。

据不完全统计，新中国成立至今已经过了多轮海量货币发行。我国有货币存量统计数据的资料始于1952年，从1952年至2018年，我国经济前前后后经历了多个通货膨胀时期。改革开放40年来，我国的经济平均增长速度为10%，而M2（广义货币）的平均增长速度已经达到31.5%，即货币购买力贬值速度在20%以上。

看到这样的数据，我们不禁会思考，2018年的100万元在10年、20年后还能值多少钱？在已知通货膨胀率和时间的情况下，可以使用下面的公式计算将来某时刻现金实际购买力价值，即货币贬值价值，其中 P_1 为当前现金购买力，P_n 为未来的购买力，i 为通货膨胀率，n 为年数。

$$P_n = P_1 x \left[1/(1+i)^n\right]$$

在已知广义货币供应量的年增长率的情况下，可以使用下面的公式计算将来某时刻现金的实际购买力价值，其中，v 为货币供应量的年增长率。

$$P_n = P_1 x \left[1/(1+v)^n\right]$$

根据中国人民银行公布的数据，从 2012 年年底以来，我国广义货币供应量的年增长率约为 13.9%，实际年通货膨胀率约在 6.3%。基于以上数据，我们可以很快计算出以下结果：10 年后的 2028 年，基于实际通货膨胀率，100 万元将贬值为 54.28 万元；基于货币发行量，100 万元将贬值为 27.21 万元；20 年后的 2038 年，基于实际通货膨胀率，100 万元将贬值为 29.47 万元，基于货币发行量，100 万元将贬值为 7.41 万元。也就是说，在政治基本稳定、经济增长相对平稳的情况下，2018 年的 100 万元，在 10 年之后的真实购买力大约在 32 万元至 62 万元之间，在 20 年后的真实购买力在 11 万元至 45 万元之间。

真是不算不知道，一算吓一跳。当然，或许有人会问，通货膨胀真的会一直存在吗？这个答案是肯定的。一般来说，经济增长越快，通货膨胀水平也会越高，因此，就目前来看，跟欧美等发达国家 2% ~3% 的通货膨胀率相比，我国的通货膨胀率相对更高。

通货膨胀就是这样一把无形的刀，在暗中影响着每个人的生活，所以，要想抵御通货膨胀，让你的资产能够保值、增值并传承下去，必须要制订合理的理财计划，把财富管理规划尽快提上日程。

第三节　货币增长导致登上富豪榜越来越难

货币是当今世界最重要的经济变量，在家族财富管理中，如果不了解货币，就像鱼不知道水的动向一样悲哀。

如图 2-1 所示，从 1987—2015 年 28 年间，市场一共印了 280 倍左右的货币，即货币每年增长 21%，并且持续 28 年。用财富值说明，1986 年的万元户，到今天的等值财富是 280 万元左右。这意味着钱的贬值速度非常快，没有保值增值措施，高净值人群很快就会成为低净值人群。

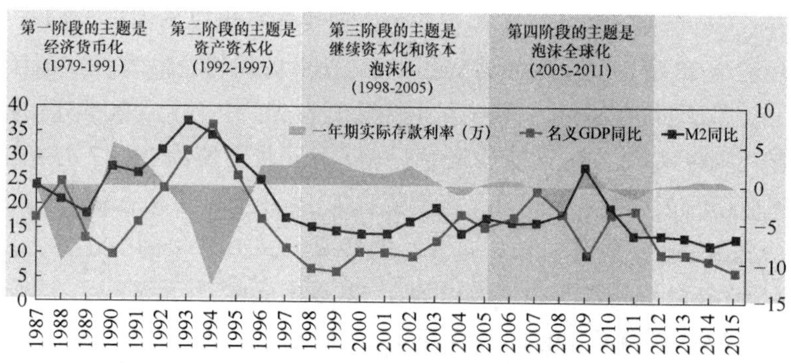

图 2-1　中国货币变量图

货币增长为高净值人群守富提出了巨大的挑战。据胡润百富榜的统计数据显示：2017 年中国财富自由门槛比 2016 年上涨 50%。货币增长导致财务自由越来越难，一线城市的门槛高达 2.9 亿元，二线城市也达到了 1.7 亿元。同时，货币增长也意味着登上富豪榜越来越难，2008 年，上榜首富的资产总值为 204 亿元，到 2016 年，这个数值已经变成了 2050 亿元，而 2018 年的首富马云，其财富值为 2700 亿元。

这是为什么呢?

因为货币增发导致钱越来越不值钱，中国实体财富从1986年到现在，每年增长率同样很高，约为16%，排除5%~6%左右的通胀，年实际GDP增长率约10%，货币供应量增长超过了GDP的增长。

我们知道，货币与财富是变化与匹配的动态关系。货币多了，物价上涨，货币贬值，国家信用受损；相反，则表现为货币坚挺，购买力强劲，币值上升，国家信用受认同。

不管是国家还是个人，必须依赖实体经济的财富再创造，或发现新财富来平衡经济，这样，国家信用才不会受损，个人财富才不会缩水。

仔细研究会发现，货币以每年21%的提升速度增发，而实际需求增长为16%，那么，多出来的钱到哪里去了?其实，股票、矿产、土地、房产这些新财富，形成了新的购买力，为国家回收了部分货币，缓解了通胀压力。

比如房产，中国真正市场化的房地产是从1998年开始，以北京为例，1998年，北京房价在2000元/平方米左右，2018年北京房屋均价5.8万元/平方米，20年间房价涨了29倍。

再说股市，1998年，沪深两市的股票总市值为1.95万亿元，到2018年7月，已经增加到49.46万亿元，20年就增长了25.3倍，稳稳跑赢了货币供应量的增长速度。

当然，这里还有一个巨大的财富秘密，如果你发现了就能跑赢货币增长。

以房产为例，静安、卢湾、黄埔和徐汇是上海的四个核心区，从1999年到现在，房价增长近20倍，其实中国房价疯涨也就是近10年的事，以30年的平均值来看，每年收益是6%。用这个收益去和每年21%的货币增发速度来比自然很危险，但买房子的人通常都是加了杠杆的，所谓杠杆，被人称为乘号，比如首付两成，杠杆就是5倍，减去付给银行6%~7%的利息，收益大约为23%，远远超过每年货币增发速度。

在过去30年里，有两类核心资产备受关注，一个是上面说的加了杠杆的核心区域的核心地产，还有一个是新兴财富市场版块的科技型、前沿型、成长型的股票。

跑赢货币增发速度如此艰难，那么减少货币发行可以吗？

我们知道，经济越发展，社会财富越增加，货币需求必然会随之增加，否则无法满足交易需求，也不能维持物价相对稳定。经济发展到效果最好的时候，通常都是在货币供给稍大于货币需求的时候。

由于中国经济增速较快，自2007年以来，货币供应总量M2就连续超越了日本、欧洲和美国几个最大的经济体。如今，我国M2总量是日本的三倍，是欧洲和美国的两倍，是三大经济体M2总量的70%左右。

过快的M2增长速度让中国的高净值人群产生了警惕，很多富豪开始向海外转移资产或在海外投资。最主要的表现是“五眼联盟”——美国、英国、澳大利亚、新西兰、加拿大——的房产投资热度持续飙升。

其实，由于我国经济在发展，人口在增长，GDP也在增长，货币供应量必然会不断飙升，必须要有充足的不断增长的货币来提供继续发展的动力。

对财富个人来说，增发货币，可以降低利率，钱的成本降低，用钱来生钱也就会有更多的机会。个体投资增加，可以推动国家经济增长，成为正向循环。

而且，从全球化进程看，无论是什么性质的政府，都会通过发行货币增强流动性、聚集财富以及改善民生。无论在哪个国家投资，同样需要跑赢印钞机。

第四节　经济与社会的动荡与变革让财富贬值

20 世纪 80 年代是投资黄金初始年。因为新兴投资领域具有较高的收益率，投资者纷纷主动参与这些新兴投资。在美国，从 1990 年至 2000 年期间，私募股权投资年均回报率接近 22%，远远高于投资传统资产的回报率，新兴领域投资迅速捧富了一大批中产。

然而到 2008 年 9 月，全球金融危机爆发，一些华尔街金融机构纷纷破产。几乎所有金融资产的价格都出现暴跌，全球金融体系濒临崩溃。全球财富增长停滞，就连“股神”巴菲特也不能幸免，他抄底高盛，结果被套在半山腰。

有货币就会有投机，有投机就会产生泡沫，有泡沫，经济便会出现大的动荡，而大的经济震荡，会导致整个社会的财富缩水。如 2008 年这样大范围的金融危机，只是诸多经济灾难中的一例，除此而外，1997 年的亚洲金融危机，2015 年的中国股灾，身处其中的人，都能体会到什么叫一夜天堂，一夜地狱。市场上一度高得离谱的价格快速下跌，给很多经济体都带来一系列的冲击，股市进入熊市，金融资产甚至不动产的泡沫都纷纷破裂，个人财富更是无可幸免。

抛开大的金融危机，各地股市不可测的巨幅震荡，几乎也是常态。

比如，2018 年 10 月 11 日，就是美股的一个“黑色星期三”：道琼斯工业指数下跌超 800 点；纳斯达克指数下跌 4.08%；标普 500 下跌 3.29%。

美股科技股板块的几大龙头股 FAANG（Facebook、Amazon、

Apple、Netflix 和 Google 母公司 Alphabet）一个比一个惨。

最惨的是亚马逊，市值缩水高达 561 亿美元，股价下跌 6.15%，成了当天的财富缩水之王，其次是苹果，市值缩水高达 508 亿美元，股价跌幅 4.63%，情况最好的 Netflix 也狂跌 8.38%，市值缩水了 130 亿美元。

与企业股价暴跌和市值缩水相对应的，是其背后家族的财富缩水，亚马逊的贝佐斯首当其冲，一天内损失了足足 91 亿美元；位列第二的是 LVMH 集团的董事长贝尔纳·阿尔诺，财富缩水也达 45 亿美元。

美股的表现时刻影响着全球市场的整体走势，在港股波动中，受影响最大的是马化腾，财富在一天内蒸发了近 7 亿美元。A 股市场中，财富缩水最多的是地产商，王健林在一天中财富蒸发 7.03 亿美元。

对这些富豪来说，一夜创富和经济动荡引发的巨额缩水，就像过山车一样，从一个极点走向另一个极点。如果没有风险管理，没有相应的资产配置，一步出错，就是全盘出局。

当下，投资环境越来越复杂，收益水平偏低，投资难度偏高，经济动荡更加频繁，巨额财富的保值也就更加困难。

除了经济动荡，政策的变革同样可以让财富瞬间大幅缩水。

例如，在英国脱欧公投后，英镑汇率连带股市暴跌。据《2016 年全球财富报告》显示：英国家庭的资产蒸发了 1.5 万亿美元，有 40.6 万英国人退出百万富豪行列。极具不确定性的脱欧不但影响了英国经济复苏的进程，还导致欧洲邻国经济的衰退，并直接造成了国民财富值的大幅缩水。

与全球经济动荡相对应的，是世界局势的动荡不安。

国家之间都在权衡如何做到和而不同或最低限度地斗而不破，但不管怎样权衡，社会的动荡不可避免，旧格局在蚀变，新秩序尚未出现，维持全球多边贸易体系已变得越来越难。

对高净值人群来说，越是动荡不定，越需要寻求财富长期保值增值、跨代传承的方法，而这时个人的理财能力就变得至关重要。

在复杂的经济环境中，高净值人群需要根据具体情况，调整资产组合。

现金和固定收益证券，依然是高净值人群的最佳选择。它们是可靠的流动资金来源，也可作为抵押品进行融资，但同样需要根据环境来检视和调整。

总之，在当下这个全新的世界里，高净值人群要完成财富管理和传承，必须要灵活地应对各种变动，并从根本上重新考量理财活动，做出相应合宜的调整，采用新的理财模式，保护自己的财富不受侵蚀。

第五节　实现财富再创造，是财富保值增值的根本

股灾、金融风暴的惨痛教训告诫我们，资本市场之所以能够创造财富，是因为有实体经济、实体产业在生产产品、创造价值。以实业为基础，资本才能够在杠杆中腾飞。当实业没有增值，仅靠金融杠杆操作，就会形成越来越多的泡沫，财富泡沫最终也会破灭。

但有数据显示，目前，中国的高净值人群中有超过 50% 的人不会考虑投资实业，而且会在未来一到两年增加金融投资，真正愿意投资传统制造业的人只有 10%。尽管财富保值已经被提上日程，中国的高净值人群投资的主力还是在金融领域和资本市场。资本市场越是兴旺，增加资本投资和金融投资的热情也越是高涨。

这是一个危险的信号，而这个危险的信号早在房地产的繁荣期就已经突显出来。

20 世纪 90 年代到 21 世纪初，是温州制造业的“黄金十年”、巅峰时期，全球各地有 90% 的打火机出自温州，那时走到世界上的任何角落，都可能看到“Made in China”。

仅仅十年后，环境大变，全球经济不景气、国内经济增速趋缓、廉价劳动力不再廉价，使温州制造业一蹶不振。黄金十年利润率达 20% 的服装、鞋业、眼镜、打火机等仅剩下 3%，甚至 1% 的利润率。

大量企业倒闭，有些企业主则选择自动关门、资金套现后，开始转战各级市场，最后选中了房地产市场。统计数据显示，2009 年，浙江百强民营企业中有 70% 企业涉足房地产业。

但大多数人对市场估计不足，随着楼市持续下滑，资金纷纷被套，最后因资金链断裂被拖垮。

资本的逐利性，使很多企业主将资产从实业转到不动产行业或者资本市场。传统低端制造业的光辉时代的确一去不复返了，低端产业迟早要被转移到东南亚、非洲等地，这从优衣库、富士康、耐克、三星等世界知名企业陆续在东南亚等地开设新厂可见一斑。

但这只不过说明依靠劳动力低成本的生产是不可持续的，但并不意味着产业资本彻底衰亡、创造财富的实体企业没有意义。

当金融资本与产业资本结合，通过商品生产循环，以股息、红利的形式占有生产创造的剩余价值，这时它对产业投资起到了推动作用；不与产业资本结合的纯粹生息方式——它通过绕开生产过程，对与产业投资需求无关的虚拟资本投资来实现，就是完全投机、赌博属性，成功的概率只降在幸运的几个人头上。

房地产不创造价值，只能转移价值。在房价上涨太快时，房子就变成了投资炒房牟利者压榨刚需、财产转移的工具。但富豪之外还有富豪，炒房之外还有炒趋势，更巨额的资本在影响着局势，这时炒房者依然会在虚拟的货币世界中面临不确定的收益结局。

财富符号并不等同于财富，只有在财富足够丰富的情况下，财富符号才具有坚实的保证，才不会形成泡沫。很显然，能够创造价值的实体经济，才是财富的基础和保障，才是财富符号不被泡沫化的根本。

无论经济如何转型，制造业都是国民经济的主体，是立国之本，是“财富再生”的机制。只有制造业繁荣，才能实现“国强民富”的目标，它既是持续发展的重要动力所在，也是人类的目标和终极价值，是人类社会发展的责任与要求。

人类一切活动都是建立在衣食住行上的，而这一切都得以实业为基础。偏离实业，可能会快速创富，但却风险最高，而且很容易被弯道超车。

欧美金融业虽然成熟繁荣，但其制造业依然占据优势，拥有高技术壁垒的工业品制造能力，依然是国家创富的基础，也是个人、家族创造财富的方向。

未来，如果高净值人群没有财富再创造意识，不在创造新财富的领域投资，只满足于通过资本市场分享财富，不但是对国家的不负责任，也是对自己财富的不负责任。

2003 年，山西海鑫钢铁的掌门人李海仓被枪杀身亡，他的儿子李兆会成为董事长。最初几年，他完成了对高炉和转炉的改造工程，创造了巨额财富，身价上百亿，在福布斯“中国富豪排行榜”上的排名也超过了父亲。然而随后几年，他开始转投资本市场，在尝到甜头后，他开始加大投资，结果没几年，他就败光了全部身家，还成了山西著名的“负翁”。

当然，在资本市场投资，也是一种创造财富的方法。但与投资实业相比，资本市场的投资风险更大。同时，实业才是资本市场赖以生存的基础。即使以投资为主业的股神巴菲特，他的投资诀窍依然是根植于实业的发展和壮大。

在福布斯的富豪榜单上，许多百年家族，如杜邦家族，虽然榜上有名，但家族大多数人都享受着在财富管理机构的助力下，以在资本市场逐利为主的财富保值增值，而没有培养强有力的家族接班人把家族事业推向新的高峰，加之家族成员的几何增长，个人财富份额不断下降。

与之相反，科氏家族、沃尔玛的沃尔顿家族等传统家族仍然占据榜单靠前位置，与其子孙后代积极参与企业管理、为家族企业再造财富不可分割。

福布斯榜单启示我们，仅仅仰赖被动的财务投资、私人银行的理财来维系财富，财富终究会被稀释。只有家族发展自己的主营业务，才能够不断创造价值，让基业长青。

当然，如果家族企业经营的板块遭遇发展瓶颈，并且，家族后代成员没有能力为主营业务带来突破性的增长，或者行业遭受时代的淘汰，那么出售和退出就是上策，而且宜早不宜迟。迅速退出，还可以保住之前创收的利润。转投资本获利后重新创业，在朝阳领域寻找发展机遇。

方太厨电的创始人茅忠群其实是个富二代。他的父亲茅理翔是一个实业家，其点火枪生意在20世纪90年代初就已经做到了一年数千万元业绩，全球出口量第一。但茅理翔却有强烈的危机感，因为点火枪生意门槛低、技术含量不高、竞争激烈，前景迷茫。他很想让儿子茅忠群接班，但茅忠群对点火枪生意并不感兴趣，他有自己的人生规划。父子再三沟通，最后约定：为企业转型，转型方向性决策由茅忠群说了算，茅忠群这才进入企业。在选择新的发展方向时，茅理翔一度看好微波炉，但茅忠群认为，微波炉可有可无，而抽油烟机则是厨房必备家电。同时，茅忠群还提出，要更改品牌名，父亲的点火枪企业品牌为飞翔，茅忠群认为这个名字太过普通，品牌名称一定要有联想度，而且对于厨房用品来说，女性化更好一些。于是，飞翔正式更名为“方太”。就这样，倔强的茅忠群开始经营独立于家族事业以外的厨电事业。如今的方太，年销售额突破百亿元，是中国厨电行业的领头羊。

变化是世界的常态，对家族财富传承人来说，只有实现财富再创造，才能让家族企业永远在市场中保持活力。同时，实现财富再创造，还能帮助他们在成功的过程中获得自我价值实现的满足感，提升自尊、自信。其实不管是对接班人的培养，还是创一代稳固企业，不断在产品上创新，更新企业的价值潜能，都非常重要。实现财富再创造，是世界发展的必然，是人类进步的必然，是家族企业稳固的必然，是财富保值增值的必然。

总之，保持家族中有能力、有人才去创造新事业，并将企业带入高增长的轨道，走“财富创新型”的道路，是财富保值增值中最理想的状态。

第六节 维护家族“经济与社会”地位是家族发展的责任与要求

古罗马时代，有“除名毁忆”的制度，贵族对其家族的名誉极其看重，如果家族中某个人犯了错，会将其从家族中除名，并永不允许被后辈纪念。而对家族有卓越贡献的人，又常常要被雕塑、画像，进行永久记忆，让后辈不断传承其精神。

贵族从小被教育，家族所有成员都有维护家庭荣誉的责任，家庭之名必须要超越个人的生死荣辱，要树立去赢得新的官职和名誉的决心，培养意志力，以维持家族声望不衰。这样做可不只是为了面子，在那个年代，世代积累的贵族家族名誉，是从政的象征性资本，也是财富再造的条件。

很多人可能觉得这有些残忍，很容易剥夺孩子的幸福。其实，在如今仍然活跃在国际富豪排行榜上的大家族来说，维护家族的名誉依然是他们的责任。

有些人的确在成长的过程中对这种家族的名望很反感，但最后却还是因为家族财富管理形成的凝聚力回归家族，并成为维护家族声望更有力的执行者。洛克菲勒家族第四代掌门人、全球慈善家族协会主席佩姬·杜拉尼（Peggy Dulany）就是如此。

洛克菲勒家族至今仍然掌管着金融、石油、铁路、航空等美国多种产业命脉，在美国政界、经济界都占有至高无上的地位。佩姬的父亲戴维·洛克菲勒是第三代传人，曾任美国大通曼哈顿银行的董事长，与数十国总统政要都是挚友。

在这样一个家族环境中，佩姬从小就很叛逆。这种叛逆在她去巴西做志愿者时达到了顶峰。当时，有记者听说洛克菲勒家族成员在此，好奇心使他用金钱悬赏的方式去寻找佩姬。佩姬反感透顶，决定从此放弃让她感到不适的家族姓氏。

在社会中以个人身份闯荡让佩姬感觉很自在，但以社会人的角度，她也发现了家族的很多价值所在。

1980 年，戴维创立了纽约城市合作关系组织，意图将企业和政府集合起来为慈善做贡献，这吸引了佩姬。和父亲一起合作后，佩姬才发现了自己的家族财富在另一个层面上的含义。

后来，佩姬成为洛克菲勒家族基金会的主持者，家族基金会比公司基金会更纯粹，和市场的联系不大，没有赚钱的压力，却是维护家族声誉的最好工具，对于子孙后代继承祖辈的光荣和梦想也具有极大的促进作用。

早在大家忙着赚第一桶金的时候，洛克菲勒家族就已经开始做慈善，并为此创立家族基金会。到佩姬这一代，洛克菲勒家族建有多个基金会，并在教育、医学、公共卫生、社会福利、自然生态保护、文化艺术等领域的慈善事业上做出了杰出的贡献。

百余年的财富之路，已经让洛克菲勒家族有了成熟的维护地位和名誉的机制。在这个机制中，家族基金会是最重要的一环，在几百年的运行中，它不仅降低了纨绔子弟产生的概率，剔除了家族后代对家族声誉的危害，同时，也完成了将财富转化成现实权利的任务。对这种大家族来说，基于财富的权利，让任何一届美国政府都不敢轻视，因为他们能持久地对公共事务产生影响。

家族的名誉和地位就是企业的信用，而信用才是未来创富的根本，因此，维护家族的名誉和地位是代际传承中主要的内容之一。

为了代际传承，大多数富豪家族在对子女的教育中，都会培养他们对家业的热情和责任感，在家族中树立一种守护者、传承者的精神形象，即每个人都是家族的守护者与传承者。当这份家业和财富永久流传下去，每个人才会在这个随时间延续的集团里永生。

但这种理念的传承不易，在崇尚个人自由的现代社会，教育的目的是培养孩子们的自我价值观。根据马斯洛的需求满足理论，孩子们必须要有一个自我发掘的过程，当自我追求得到满足，他们才能认真看待家族传递过来的这份责任。

对于当今高净值人群来说，代际传承中最怕的就是子女对家业不以为然。没有经历过家族价值观教育的孩子们，对财富的态度，就是拥有权和钱。

为了传承家业，必须要点燃后代们对家业的热情和责任感，只有热情和责任感能让他们更主动地去维护家族的声誉、威望和社会经济地位。

第三章
钱安全，人才安全：“富不过三代”是伪命题

富不过三代是一个伪命题。财富永远是流动的，任何企业、任何家族在富一时代就可能遭遇财富缩水、大厦倾覆。与此同时，财富还是避免危机的条件，当财富裸奔，家族的人和钱都会处在危险的边缘。只有钱安全，人才安全。随着社会的进步，私有财产权得到了法律的保护，人们会越来越有创富的动力，了解创富的动因，合理有效地管理财富，富到永远也有可能。

第一节　财富安全是家族长治久安的基础

根据世界银行的调查数据，家族企业在全球所有企业中占比超过2/3，创造了80%的全球生产总值，提供了50% ~80%的就业岗位，净资产回报率比非家族企业高出6.6%。越是在经济低迷时期，家族企业的表现就越出色。

然而，并非所有的家族企业其财富都能永远保持稳定增长。在欧洲，能传承到第二代的家族企业占32%，传到第三代的只剩下15%，有很多家族后代背负盛名，难以为继。

最为严重的是，就像封建皇权更替一样，当财富的延续与再创造，如果没有一个睿智、强悍的管理集团，没有一套全面、系统的管理方式，几乎不可避免地要被甄嬛式宫斗、莎士比亚戏剧式家族战争搅成败局。

就像众所周知的古驰（GUCCI）家族，这个品牌的辉煌之路，充满了家族成员的血腥斗争。创始人古驰奥·古驰（Guccio Gucci）虽有经商头脑，但对家族传承却没有想法，他采用男性家族成员公平分配财产的理念，故意忽略掉女儿，将财产平分给三个儿子奥尔多、瓦斯科和鲁道夫。致使女儿在之后企业的发展进程中处处设置障碍。同时，为了鼓励竞争，他还故意挑拨儿子们的关系，制造矛盾，结果不但造成了三个儿子以及后代的情感分裂，并最终致使家族最终失去了这个驰名世界的品牌，一夜回到解放前。

图3-1是古驰家族的族谱。

在家族企业传递到第二代时，奥尔多和鲁道夫合伙挤掉了瓦斯科。传递到第三代时，奥尔多的儿子保罗又在奥尔多81岁时，亲手将他送进监狱。鲁道夫的儿子莫里吉奥收购了奥尔多手里

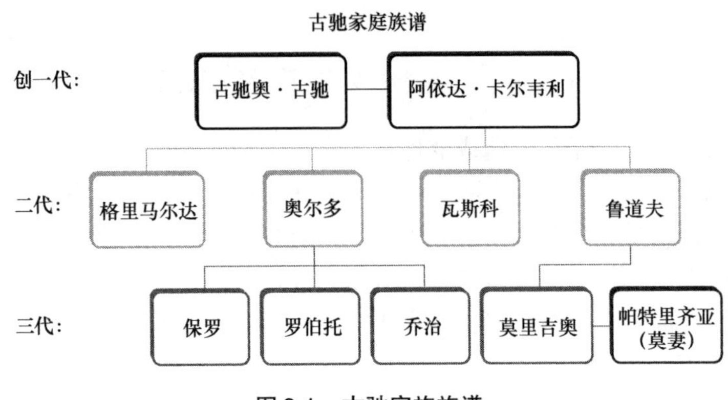

图 3-1　古驰家族族谱

50% 的股权，全权持股。他曾经让古驰走过一段中兴之路。但花之不尽的钱财迷了他的双眼，他不再关心公司发展，也没有为家族财富设定任何诸如信托或者家族办公室等有效的保护机制，只是一味追求享受生活，并最终败光了家族的所有产业和股份，最终将品牌卖掉。可悲的是，莫里吉奥还因为和妻子帕特里齐亚离婚，最终被妻子雇凶杀害。

如今，古驰的品牌还在，可是已经和古驰家族没有任何关系了。

古驰成了家族财富管理中失败的典型案例而被人熟知。父子三代人都是业务能手，却不是管理高手，他们善于创造财富，却拙于管理财富，致使每一代的财富都在“裸奔”。

首先，财富的管理和传承并没有以企业的长足发展、财富的永久保值为前提制定任何保护措施，只是简单地进行财产分割；其次，没有为巨额财富可能引发的家族矛盾制定任何管理机制；再次，三等分财产使财富分散；最后，虽然后代经过一些手段将财富集中到一个人手中，但是依然没有保护措施，没有让财富依托于更理智安全的管理渠道，比如家族信托，结果造成继承人败家。由于没有财富保护机制，财富不安全，也造成了人的危机、企业的危机。

除此而外，掌握了世界 80% 财富的人，还要面对财富差距所带来的社会矛盾，造成的是财富悬殊的双方对立，一个小概率事件的发生，其结果可能就是不可调和的矛盾。

财富不是错，但财富充满诱惑，如果为财富加了保护锁，就能避免诸如人身、企业发展等方面的危机。只有财富安全了，企业才能获得长久发展的资本，家族才能长治久安。

洛克菲勒家族的第二代继承人小约翰·戴·洛克菲勒，在父亲老约翰去世后，继承了天价财富，也因此承受了巨大的压力。1913 年，洛克菲勒家族在纽约生活时，一场激烈的劳资冲突致使家族成员在家中受到袭击，这让小洛克菲勒深受刺激，彻底改变了家族传承财产的态度。

小约翰选择了以信托的形式，将财富传承给后代，同时，小约翰还开始以慈善的方式散财，为家族长治久安营造安全氛围。

洛克菲勒家族委托人将资产注入信托后，就不再有对资产的所有权和控制权。信托本金可以自动传给受益人，但受益人在 30 岁之前不能随便动用本金，只能享受分红收益，30 岁之后可以用本金，但需经信托委员会同意。

信托模式，保证了资产的整体性，使家族企业在代际传承过程中，既不会因为人数增加而变小，也不会因为代代传递而被分割。完整的资产可以发挥规模优势，获得更好的经济效益。同时，由于受益人大多数时候只能获得分红收益，财富获得了安全，家族人员也获得了安全，同时家业也迎来了长治久安的局面。

家族想要获得长治久安的最大阻碍就是社会的动荡。在历史的发展进程中，一些富不过三代的家族，不是没有再创富的能力，也并非不懂守富之道，而是他们遭遇了不可对抗的风险。

意大利拥有3000多年酿酒文化，很多酒庄实力强大，家族财富管理也非常成熟。其中安东尼世家酒业集团在近几年被人熟知，这个家族走过了630年，历经29代传承。

在漫长的历史长河中，安东尼家族经历过霍乱，战火、卖地买地、赔钱赚钱……二战后，甚至所有的资产毁于一旦。但因为家族在财富管理方面始终秉承丰富的资产配置，涉猎生意繁多，这也是一种保护财富安全的方式。在历史更迭中，家族成员同心协力对抗风险，终于保住了几项家族主营业务，其中红酒业务一直繁荣至今。

红酒业务的繁荣，企业财富的不断累积，为家族后代的生活和发展打下了坚实的物质基础。同时，在最动荡的时期，正是红酒业务带来的财富，让家族躲过了一场又一场灾难。

历史是最残忍动荡的，它能风云聚合，也最善分裂和拆散，在这个翻云覆手雨的家伙操纵下，家族的传承已经相当不易，财富的传承就更加艰难。

但财富安全就像暴风雨里的船，一家人坐船过海，首先要保证船是安全的。遇到风暴的时候，船翻了，人也就没命了。所以，出现任何危机，首先要力保企业，力保能够为家庭创富的源泉。只有家族始终拥有创富机制，财富处于安全保护措施中，家族才能够做到长治久安。

第二节　社会制度的进步让私有财产得到保护

封建社会，皇权始终对社会资源和财富实行垄断性的控制和影响，没有保护平等的财产私有权的价值取向。

然而，当民众的私有财产不受保护时，其创造个人财富的动力也会枯竭，财富管理也就毫无意义。但随着现代产权制度的逐步建立，明确了对物的所有权和收益权，财富才拥有更多的现实意义。

从财富认识的角度来看，财产观念的出现以及财产权作为公民基本权利的一部分被现代法律体系所认可，体现了现代社会对财富的重视。

财产权与人类文明具有互动性，即财产权促进人类文明向前发展。西方有句流行语叫作"穷人的草房，风可以进，雨可以进，国王不能进"。说的是德国皇帝和磨坊主的故事。国王尊贵至上，但他依然没有随便出入穷人家里的权利。这就是"私有财产神圣不可侵犯"的由来。

在我国，从 1949 年颁布《中国人民政治协商会议共同纲领》开始，在 70 年的时间里，宪法对于私有财产含义多次进行增改，内容不断完善，以更加符合社会发展的需要。

1949 年的《共同纲领》作为宪法性文件，起到了临时宪法的作用，其中第三条规定"保护国家的公共财产和合作社的财产，保护工人、农民、小资产阶级和民族资产阶级的经济利益及其私有财产。"

1954 年，新中国第一部宪法诞生，其中的第七条到第十二条中分别规定：国家保护合作社的财产；国家依照法律保护农民的土地所有权和其他生产资料所有权；国家依照法律保护手工业者和其他非农业的个体劳动者的生产资料所有权；国家依照法律保护资本家的生产资料所有权和其他资本所有权；国家保护公民的合法收入，储蓄、房屋和各种生活资料的所有权；国家依照法律保护公民的私有财产继承权。

1975 年和 1978 年，中国相继颁布了第二部和第三部宪法，对私有财产的保护都在第九条规定：国家保护公民的劳动收入、储蓄、房屋和各种生活资料的所有权。

1982 年第四部宪法中的第十三条做了明确规定："国家保护公民的合法的收入、储蓄、房屋和其他合法财产的所有权""国家依照法律规定保护公民的私有财产的继承权"。但对私人财产权的保护依然缺乏明确的界定，私人财产能否得到有效和充分地保护，对经济和社会的发展影响至关重要。社会上出现的一些资本外逃和民间投资活动不足等现象，在一定程度上与保护私人财产权的法律制度不完善有关。

在十届全国人大一次会议上，全国工商联第三次提出了完善私人财产权法律保护制度的建议案，不仅得到了民营企业家的拥护，而且获得了法律界、经济界甚至政界一批代表的支持。关于完善私人财产法律保护制度的讨论之声正逐渐增强。

2004 年是关键性的转折年，十六大"关于完善保护私人财产的法律制度"的表述和民法典草案中将国有资产和私有财产作为平等的法律保护对象，确认了私有财产权在中国被保护。

2004 年对宪法进行第四次修订，其中第十三条明确规定，公民的合法的私有财产不受侵犯。国家依照法律规定保护公民的私有财产权和继承权。

这一修订备受海内外人士的关注。通过宪法条文，公民的私有财产已经由民事权利上升为宪法权利，从一般权利上升为基本权利，公民的私有财产得到了充分的尊重和保护。

如果说党的十六大精神在政治上给创富者一个建设者的身份证，那么这次《宪法》又在财产上给了他们一颗定心丸。

2007 年，《物权法》审议通过，明确确定了对共有财产和私有财产给予平等保护的原则，详细对私有财产权利中人对物的归属和相关权利作为法律规定。至此，我国通过《民法通则》《物权法》《合同法》《专利法》《商标法》《著作权法》《公司法》

《证券法》等法律逐步建立了保护物权、债权、知识产权、股权的私有财产权法律体系。

2016年11月27日召开的中央全面深化改革领导小组第二十七次会议，审议通过了《中共中央、国务院关于完善产权保护制度依法保护产权的意见》，对完善产权保护制度、推进产权保护法治化有关工作进行了全面部署，并从加强各种所有制经济产权保护、妥善处理历史形成的产权案件、完善财产征收征用制度等十个方面提出具体改革措施。

有恒产者有恒心，私人财富受到保护，创新的活力才会增强，这不仅是经济社会持续健康发展的基础，还是社会安定的基石，是市场秩序稳定的保证。随着社会制度的不断进步，私有财产必然会得到更多有效的保护。

第三节　有效的管理让财富不断增值

对于高净值人士来说，财富管理是一份终生事业，而且是从财富创造的第一天起就注定贯穿整个生命周期。有效的财富管理如同智慧锦囊，它能保证你每一次决策更加明智，保证每一个安排更加合理。

美国总统特朗普的女婿贾瑞德·库什纳（Jared Kushner）也来自豪门。他的祖父母和特朗普一样，也是以房地产起家的，他们在新泽西州是名副其实的名门望族。如今当地的犹太学院和高中，均以他的祖父母命名。

贾瑞德的祖父母从创业之初就制定了一套家族财富管理的制度，而且最重要的，他们有一个完善的继承规划，使继承人为继承财产做好准备。

在这套继承规划中，认为每个人都能为家族财富的积累和传承添砖加瓦，每一代可以有不同的创富方法，但一定要创建一套流程来保护、增加、分配、共享库什纳家族未来数代的经济与人力资本，使得他们有更多的选择和更强的独立自主意识，并稳定提升后代的生活质量。

贾瑞德的父亲是冒险投机主义者，利用杠杆，他很快将家族财富增值到10亿美元，成为东海岸最大的房地产商。在创富上他很是激进，也请了财富管理机构来帮助自己管理财富，但在继承规划中，对子女的财富教育观却依然严谨地执行上一辈人的制度。

贾瑞德从小就跟着父亲去工地考察项目；暑假，还得出去打工完成必要的学习积累；在父亲出席的各种生意场合，贾瑞德也有参与，经常和议员、外交委员见面。

然而，就在贾瑞德刚接手家族事业不久，父亲却锒铛入狱，家族事业也受到了影响。尽管身在狱中，贾瑞德的父亲还是给了贾瑞德更多好的建议。同时，家族的价值观和对财富的管理理念已经深入骨髓，这让贾瑞德迅速扛起了家族大旗，不但稳住了家业，还完成了财富升值。而他的弟弟也在几年后加入贾瑞德的创富队伍，与他人联合创立了一家财富保险公司 Oscar，估值 2.4 亿美元。

在家族成员的努力经营下，家族事业东山再起。截至 2018 年年底，库什纳家族已拥有 18 亿美元财富，

库什纳家族拥有正确的财富观，尤其在继承规则上，更是明确了若干原则，确定目标为家族财富的保值、增值、传承，并给予家族成员一定的个人自由。这样的财富管理规划，是贾瑞德以及其他家族成员的精神力量，也是他们行动的准则，并最终让整个家族及家族的财富管理持续稳定地增长下去。

但就目前高净值人群的财富管理现状来看，很多人没有正确

的财富观，对财富保值增值也毫无概念，过分倚赖提供理财业务而不是财富管理的服务机构。理财只是财富管理其中的一个小分支，而财富管理包括对家族企业的管理和家族财富的传承等方方面面，是整体的战略，是长远的规划，是让家族财富获得安全保护最有效的措施。

例如，有些银行也有私人财富管理业务，但大多属于私人理财，不如家族办公室等专业财富管理机构有更切实有效的战略管理规划。

当然，对超高净值人士来说，因为有丰富的财富管理模型，可能需要多个机构协调，家族办公室也要借助一些理财机构的力量，来协助构建家族财富管理的系统。

当下，中国财富管理市场正在构建服务执行生态系统。最主要的是商业银行、保险公司和家族办公室，而竞争者包括信托公司、资管机构、以及专业辅助机构。另外，家族财富管理是一个综合性的行业，在对专业规划、方案设计时，需要负责法律筹划的律师事务所、财富规划的会计师事务所、税务筹划的税务师事务所进行辅助，其他还需医疗、移民、教育、慈善等与家族生活和家族地位有关的服务机构。

这些产品销售机构或者服务机构之间既有竞争又有合作，竞争使行业生态系统优胜劣汰，更加完善，而协作则可以更稳定的扩大服务执行系统，使财务管理市场进入正向循环。目前，商业银行和家族办公室项目基本重合，但商业银行属于银行类别，当超高净值人群设立自己专属的家族办公室时，商业银行则是需要合作的单位。总之，各个机构间需要打破壁垒，发挥各自优势，横向合作。

家族财富管理是一个长期的战略，但又需要每一代，甚至每一代中每十年、五年、三年进行一次战略修订。因为外部环境变化越来越频繁，偷不得一点懒。如果与财富管理机构沟通不善，在战略执行、人员素质、家族领导模式设计和实施等方面都会立刻有所体现，并最终成为致命的要点。

国内著名投资集团汉景雨汇旗下的汇信家族办公室非常注重家族财富管理的长期战略。汇信家族办公室制定的家族长期发展战略的要素包括：

1. 家族的愿景、价值观、投资原则

汇信家族办公室要持续检视家族的活动和投资，确保它们符合家族愿景和价值观。

2. 家族财富用途及资产结构

汇信家族办公室通过为家族建立统一的资产负债表，全方位了解家族的资产配置，发现不足的地方立即进行专项投资及投资管理，对家族财富实现合理规划，促成家族事业与财富的繁荣发展。

汇信家族办公室在为家族企业进行财富管理时，本着持续优化资产结构、持续优化家族理财室资源及投资流程的原则，提高执行效率、降低成本。

3. 家族的治理、凝聚和教育

汇信家族办公室要正式规定家族的组织（家族理事会的组成与运作），明确下一代家族成员的权利和义务（在家族及财产事务中），完善家族的服务，确保家族进行明确的传承与交接计划。

一个合理有效的家族财富管理计划，必须要包括金钱的保值增值和继承规划两个部分。请专业的理财规划机构当然十分必要，但同时家族也应该有自己的规章制度、家族治理方案，并结合自己的家族财富管理目标，找最优秀的、能完成家族继承计划的财富管理机构进行合作，使财富更安全地保值、更稳定地增值、更有效地传承。

第四节 财富升值的几大基本动因

经济学家普遍认为：在进入工业化之前人们收入差距小，因为生产力薄弱，社会创造的整体财富少，只有少数特权阶级能积累起巨额财富，但工业革命后，普通人也迎来了创富的机会。

18 世纪中叶，英国人瓦特发明了蒸汽机，人类自此迎来了机器代替手工劳动的生产时代，与此相对应的是，大规模工厂化生产取代了个体手工生产。在这个阶段，实业家和工人的收入远超过农民，成了那个时代的高净值人群。

最典型的受益人：瓦特、博尔顿、韦奇伍德等，他们建立起一个叫"月光社"的社团。月光社是一个民间科学社团，成员都是后来闻名世界的科学家和发明家。

博尔顿和瓦特将蒸汽机销往世界各地，产品销售利润加上专利转让的收入，使两个人以及他们合伙的公司财富迅速增值。而韦奇伍德则是向全世界展示蒸汽机威力最重要的人，他近水楼台先得月，首先将蒸汽机应用于瓷器的生产中，蒸汽机大大提高了瓷器的生产效率，同时，还能极大程度地保障不同批次的瓷器品质。韦奇伍德自然很快富甲一方。

19 世纪中期的第二次革命，让人类进入电气时代，又迎来一波创富高潮。近代历史上所有的富豪加起来最多的是出生在这十年，并且都出生在美国。第二次工业革命的核心技术是电，当时全美国只有两家公司以电起家，两位创始人，一位是爱迪生，是国人最熟悉的，另一位是特斯拉。

第三次工业革命让人类进入信息化时代。越来越多的知识工作者正在崛起，比如互联网从业人员。这些工作人员只要有一台计算机就能开展工作，因此他们更不容易受到资本的束缚，创富就更加容易。

未来，技术将和人工智能相关，技术变得更加智能化，生产力也会得到巨大的提高。而这种改变，必然会出现更多的创业机会，创造力越强的人越容易在这场变革中创富。

除此之外，两次全球化也为创造财富提供了更好的途径。

第一次全球化的起因是大航海、地理大发现和海盗殖民运动。大航海时代开启后，欧洲许多殖民国家纷纷登上了世界权力的顶峰，如西班牙、葡萄牙、荷兰、英国，自然也出现了大批富人。

第二次全球化由媒介技术和信息化技术革命驱动，互联网在全球普及，贸易由此更加广泛和深入地向外扩展。弗里德曼在《世界是平的》一书中阐述："国家和文明的差异，以及任何地区人们政治经济生活中的方方面面，都会被全球信息化革命抹平。经济全球化，资源价格的波动、新兴市场的崛起、贸易即投资的持续全球化，让很多人大发其财。"

在技术革命、全球化的推动下，全球的富豪群体及其财富规模都呈现出指数增长的态势。把握大局，走在大趋势前沿，就是创富的最好方法。

除此而外，财富升值还有以下几种动因：

一、 创立企业创造财富

创立企业，是当代普通人创富的最重要的途径之一。20 世纪 90 年代，中国民营制造业十分发达，是创富的高潮年代。当时正值西方市场向中国打开，国际资本流入，中国正处于廉价劳动力时期，一些民营制造企业主把握住这个机遇，由此身价成倍增长，成为亿万富豪。

处于国家层面，经济的发展必须依赖实体经济，国家目前也在大力倡导实体经济发展；处于个人层面，未来财富传承和延续的一个重要途径，也是创办和发展企业。

二、 利用区位溢价升值财富

在经济学中，空间也是商品的一种属性，因此产生了区位经济，区位经济就是指在最适合某个活动的地点执行价值创造活动，所产生的经济利益，而区位是资本、技术和其他经济要素高度积聚的地区，也是经济快速发展的地区。我们通常所说的美国的硅谷高新技术产业区等就是一个独特的经济区位。经济区位的兴起与发展，是以腹地为基础，带动其周边地区的经济增长，产生区位溢价。

创富城市深圳原本只是一个小渔村，但地处珠江三角洲前沿，是连接香港和内地的纽带和桥梁。1979 年，中国改革开放在蛇口这个小渔村正式开始，深圳成为经济特区。广东发展目标为成为制造业基地，香港的优势则是物流、金融及服务业，形成"前店后厂"式的框架和功能，世界级经济区初步完成，人流、物流、资金流、信息流和商圈流丰富完善，呈现出向全球经济辐射力以及整个相关区域的聚集力。

40 年的时间，深圳经济高速增长，如今已经成长为国际化大都市。城市的发展不仅为房地产的溢价造就了条件，同时也给了许多企业和个人积累财富的机会。

经济活动的空间区位直接影响着高净值人士企业的发展趋势和国际经济关系。而经济活动的分布是不均衡的，只要找到能产生溢价的区位，就找到了创富之地。

三、 国力上升溢价升值财富

1978年，我国国内生产总值（GDP）为3645亿元人民币，到2018年年末，已经突破90万亿元人民币，年均经济增长率是同期世界经济年均增长率的3倍多，中国已经成为世界第二大经济体，综合国力直线上升。

受益于本地市场的增长，中国的企业家和家族投资者迎来投资最美好的时机。与中国相同的，还有印度、以色列、阿联酋等，都是投资环境的最优高地。

其实，过去科技的进步、全球市场的开放、监管的解除、帝国统治的结束、前殖民地国家的崛起、信贷及地产的繁荣、另类资产基金的兴起、高管薪酬的飙升、石油及天然气价格的暴涨，都曾是创富的动因。然而，在未来，创业环境不断在创造新的温床，而投资环境则变得更加深不可测，掌握创富的动因，就更需要看清形势、紧跟趋势。

第二篇

让专业人士和机构为家族财富扩张版图

对大多数高净值家族来说，单纯依靠自身的力量，完全不借助外来的帮助，管理家族事务会很艰难。尤其是在投资环境不明朗的情况下，个人的信息与资源永远无法和机构相比。同时，家族财富管理的内容不仅包含一般意义的理财，还有金融投资以及不动产、收藏品等另类投资，甚至要布局企业，制定并购投资战略等。专业的投资机构公正独立、严格风控，能向投资者提供全面而客观的情报和建议，同时，多方面的投资经验，能帮助投资者做出理性而全面的投资决策，帮助家族扩张财富版图。

第四章
人赚钱不如钱赚钱，学会让钱为你工作

巴菲特说："人赚钱不如钱赚钱，要学会让钱为你工作。"钱本来就是创富的条件，高净值人群拥有巨额财产，如果能充分利用起来，借助专业的机构、专业的团队，制定出合理的财务规划，进行合理的资产配置，规避风险，同时能监测投资的业绩和进度，随时调整财务规划，那么就能在钱的流动中永远享受财富盛宴。

第一节　选用专业财富管理机构，资源更优质，规划更合理

由于国内财富管理行业还不够完善，我国高净值人群大多还处在以个人投资者为主体的财富管理模式中，对机构服务的不熟悉，使一些投资者在自主阅读专业性研究报告时感到很困惑，也不愿主动支付资讯信息费和服务费。

而在西方，超过 80% 有序管理的家族，都使用专业机构进行投资管理。因为在大经济环境下，市场运行瞬息万变，股市动荡，固定收益回报低。机构有更多更优质的投资资源、更完善的投资流程、更全面的项目审核制度，能进行均衡的资产配置，因此，大多数家族会选择将投资行为部分外包出去，以便获得大量的信息和机会。

一般来说，家族决定选用投资管理机构，主观方面有以下两种原因：

一、 现金流出现变化

由于世界经济环境今非昔比，市场波动更是频繁而剧烈，家族财富随时面临着各种变化，导致现金流会随之变化而变化，比如，家族企业出售、资产证券化、IPO（首次公开募股）或者其他重大财富转移事件等。家族管理人必须借助机构帮助，才能应付剧烈变化的现金流问题。

二、 家族财富管理者的财富观念发生变化

随着家族财富管理市场逐渐趋向成熟，一些具有远见的家族

财富管理者会逐渐认识到，家族财富不只是资产，还是全新的投资机会。而面对复杂的投资市场，必须要借助投资机构才能完成巨额资产的保值和增值。

除此而外，与家族、个人财富管理相比，投资机构还有以下几种优势：

（一）目标简单，可标准化

机构投资人的目标大多简单，方向明确，没有干扰。而家族通常有多重目标，比如，投资保值、后代培养、利润分配、确保家族的财产和生意留在家族中等，而且家族成员间利益关系复杂，在投资管理中存在着各类问题，所有这些都需要在决策过程中予以考虑，特别是定期分配、投资限制等问题，更是决策优先考虑的因素。因此，选择机构投资人可避开这些阻碍投资决策的因素，更理性地规划财富。

（二）通过数据做决策

家族投资者的投资决策有时会被传闻、情绪以及直觉所影响，从而导致决策出现问题。但专业的机构一般都会倚重数据、分析、流程，所以，机构强大的资源保证了以数据做决策的有效性。

（三）可以唯才是举

家族投资组织，很容易受家族内部的人际关系影响，可选择范围相对狭窄，很多人没有经过竞争的选择和淘汰，没有经历过市场的考验直接走马上任，很难确保为投资人负责的能力。而机构则是以绩效看人才，唯才是举，因此，很多在专业机构工作的投资理财师相对来说比较优秀。

（四）专业集合能力高

在资产配置、金融建模、投资分析、投资策略、风险管理等方面，与机构相比，家族投资者一般专业程度较低，缺乏专业团队支持，可用资源较少，特别是在海外市场或其他陌生市场上。

微软创始人比尔·盖茨在成立家族基金前，90%以上的资产是微软的股票，由他的一个好友帮他打理财产。家族基金成立后，他的个人资产慢慢转移到家族基金，开始雇用专业投资团队帮他管理家族基金和慈善基金。

一般在纳税、核算完通货膨胀率后，家族基金投资回报率要保持在8%以上，才能保障财富不缩水。而在专业团队的打理下，这些年来，比尔·盖茨家族基金的平均投资回报率都在10%左右。

家族或者个人由于创富的成功，自高自大、自我认识或评价不当，致使对专业的认识不够，若缺乏教育及准备，不能持续性学习，必然会因为专业度不够而吃亏。

专业的机构都有完善的投资流程、全面的项目审核、均衡的资产配置。比如，巴菲特的投资管理公司的尽调就非常详尽。

巴菲特是严格遵守投资纪律的典范，在进行每一笔股票投资前都会进行尽职调查。在购买斯图德贝克的股票前，他花了大半个月的时间在堪萨斯城铁路调车场数油罐车的数量。当油罐车装运量上升时，他果断入手该股票。后来，该股票从18美元一直涨到30美元。

专业投资机构在进行投资决策前，都会制定一份综合性、前瞻性的长期战略规划，设计资产配置模型，制定具体的投资战术。在投资理财过程中，还会监测投资业绩，随机应变，保证投资顺利进行。

（五）专业顾问能帮助家族更理智管理财富

对于成功的企业家来说，创业过程中拥有的激情并不能等同于理财的智慧。相反，如果把创业的激情用到财富管理和投资中，将目标定位为高增长、高回报，很可能会增加风险。长期、稳定、安全的投资，最不需要的就是激情。对市场走向、资产的配置和管理来说，最需要的就是专业和冷静的头脑、财富管理的经验以及背后的研究能力。

行为科学家曾对个人投资者的各种行为偏误做过归类研究，哪怕是有过成功创业经历的企业家，在投资过程中，也会出现如下几种谬误：过度自信或过度乐观，高估自己的认知和才干；代表性偏误，依靠笼统经验或刻板印象进行评估，将个别的投资现象当成普遍的规律，造成评估谬误；羊群效应，不进行严格的投资审查，即随大流进行投资，或者跟着已经获得投资收益的朋友进行投资；禀赋效应，过高估计自己所持有资产的价值，导致不理智地过久持有某项资产。

研究表明，即使有可靠的信息，完整清晰的证据，个人常常也会带着偏见看待证据，或者不能全面地考虑所有证据。而机构里都是受过专业训练的投资顾问，他们能向投资者提供更全面、客观的情报与建议，帮助投资者免受情绪影响，更理性地看待信息提供的证据指向。这一点，在市场动荡的时候尤其重要。

（六）风险暴露较少

家族和机构都各自面临着不同程度与规模的风险。但家族还面临着其他一些可能严重威胁家族持续繁荣的风险，比如家产纷争，个人及家族自身的弱点等，家族需要应对内外两方面的风险，若没有充分的应对策略，则会应接不暇。而机构相对来说只有金融风险，专业人员在具体的投资策略中都会有相应的风险预测、风险控制规划。

当然，随着投资环境日渐复杂，财富管理变得越来越艰难，越来越多的高净值人群的投资方向从单一资产向全方位资产配置转移。也有越来越多的人愿意通过专业机构提供的投资组合建议，来完成将不同风险级别、不同市场、不同收益水平和不同流动性的投资标的组合的任务。

以个人或家族为主导的投资行为，正逐渐向以机构为主导的投资模式转变。未来，随着我国财富管理行业日趋成熟，启用机构的高净值人群必然会越来越多，需要财富私人定制服务的人也会越来越多。

第二节 把老钱变新钱，让财富流动起来

资金来源，是影响财富管理业务开展的重要因素之一。资金来源分为老钱和新钱。所谓新钱，简单来说就是短钱，也就是最近创富收入的钱，新钱群体被称为财富新贵。而老钱与之相对，是长钱，是通过继承而来的，带有时间的痕迹，老钱群体被称为上层阶级。

在社会学家的眼里，老钱群体被认为品位高尚，而新钱群体被称作暴发户，他们对待财富的态度极为敏感，又急于炫耀。

西方发达国家从进入资本主义社会到现在的400年间，由于社会制度、产权制度相对稳定，财富的管理模式也持续稳定，没有经历过风浪的老钱群体除了被奢侈消费和在税赋消逝的部分，其余以代际传承的方式延续了下来。

与欧洲相比，美国的老钱群体相对来说较少，时间较短，最多传承了六七代，大多是通过合理的财富管理体系留存下来的。而在美国的富豪榜上，通过家族传承上榜的很少，新兴富豪更多一些。特别是依靠金融行业、互联网行业发展创富的，都是近几十年产生的富豪。

在中国，都是改革开放以后的财富新贵，创富者成长的时间较短，最长的，也才刚刚进入代际传承，都属于新钱群体，有着明显的新钱群体的特征：逐利性极强，财聚财散，瞬息万变。

在投资方面，老钱群体和新钱群体态度完全不同。

一般来说，老钱群体更早进入市场，相对经验丰富。经过漫长的时间点化，能够流传下来的老钱群体，因为一直站在财富的顶端，视野相对开阔，拥有的信息也更加丰富，对于瞬息万变的环境敏感度最高，因此，老钱群体应该在投资方面显得更稳，财富管理形式也更全面，更复杂。

但事实是，能够如此明智的老钱群体实在是少之又少，大多数老钱群体更懒惰。奢侈消费常常让财富大幅缩水。

时间是老钱群体的致命伤。而且，老钱群体对财富态度也相当保守，他们对收益的要求也并不高。

糟糕的是，时间同时还造成了老钱群体的懒惰、胆小、贪婪、狡诈等问题。

财富经过几代之后，就有不想四处奔波、辛苦打拼的思想产生。但财富是最需要创新引领的，懒惰必然成为财富的最大消耗。因为享受惯了，在财富缩水后，老钱群体也有投资意识，可是懒惰让他们不愿意深入学习，在资本市场上，就显得贪婪又胆小，不专业而又不勤奋的老钱群体很容易走进贪婪的陷阱，却又因为胆小而错失良机。

不管是在创富，还是在代际传承的过程中，把老钱变新钱，让财富流动起来，不管是对社会还是对个人，都是资产管理必须要做的。

第三节　与时间为伍，静待财富的玫瑰悄悄地盛开

爱因斯坦说：复利是世界第八大奇迹。

银行最善利用复利，凡贷过款的人都很清楚。比如，买房向银行贷款100万元，期限20年的，到期后的还款总额将近160万元。可如果我们在银行存款100万元，20年后，加上通货膨胀，我们的存钱可能还不到160万元。为什么，因为银行是按复利计算贷款，且用单利计算存款的。

巴菲特说：“复利像从山上往山下滚的雪球，最开始的时候最小，但是只要往下滚的时间足够长，而且雪球粘得适当紧，最后雪球一定会变得很大很大。”

巴菲特的一生就是享受复利的一生，很多托付他管理财产的朋友也享受到了复利的实惠。

利用复利赚钱，数字会呈几何式的增长，就像核裂变一样，产生巨大的威力。

由于人力资本是有生命周期的，即人赚钱的时间是有限的，大多为35～50年，因此，复利赚钱就显得格外重要。两个拥有同样财富的人，都以复利赚钱，赚钱时间相差20年，那财富就可能相差几百倍。因此，越早开始让时间为财富助力越好。而且时间越长，复利的威力就越大。

复利的计算公式是：$S=P(1+i)^n$，P是本金，n是时间，i是利率，S就是本利和。如果利率是10%，复利增长如表4-1所示。

表 4-1　复利计算表（以 1 元为基数）

	10 年复利	20 年复利	30 年复利
每年 10% 的收益率	$1.1^{10} \approx 2.5937$	$1.1^{20} \approx 6.7275$	$1.1^{30} \approx 17.4494$
每年 15% 的收益率	$1.15^{10} \approx 4.0456$	$1.15^{20} \approx 16.3665$	$1.15^{30} \approx 66.2118$
每年 20% 的收益率	$1.2^{10} \approx 6.1917$	$1.2^{20} \approx 38.3376$	$1.2^{30} \approx 237.3763$

这说明财富增长不是直线式增长，而是指数型增长。投资界有个 72 法则和 115 法则。具体是，以年回报率 10% 为基准，想要财富翻番，总计需要 7.2 年；如果想要财富增长到 3 倍，则需要 11.5 年。

其实，复利远没有想象中那么简单，它有几个条件：首先投资时间比较长，投资时间越长，效果越好，但能坚持下来的人实在是凤毛麟角。其次，需要找到年复合增长率持续在 30% 以上的投资项目非常困难。短期也许很容易，有些投机客的年复合增长率甚至能达到 100% ~ 300%，但长期稳定在高复合增长率上非常难。以巴菲特来说，1965—2015 年间的长期复合收益率也只有 19.2%。

有人以为，即使某一年出现重大亏损，只要其他年度有更好的盈利，那么复利的长期收益率也会很好，实际上并非如此。

这就是为什么巴菲特宁肯错过好机会，也不会选择高风险产品的原因之一。巴菲特说："投资的第一条原则就是不要亏损，第二条就是要永远记住第一条。"

越是高净值人群，因为投资基数大，在投资时就越是不能草率，越要以不亏损为第一要务。

复利的基本要素是：基数大、增长率高、时间长；但复利的关键成效却是：长期 + 稳定回报。

积累财富所用时间越短的高净值人群，就越是要谨慎。其实高净值人群财富基数大，即使收益率很低，但让每一分钱都成为金钱种子，以钱生钱，效果同样惊人。

投资是一种选择艺术，需要舍弃的智慧、良好的心态，才能抵住诱惑，保证收益稳定，完成财富保值。

第四节　证券市场：开动新时代创富机器

2017年中国一般城镇居民的人均可支配收入为3.64万元。连续蝉联24年世界首富的比尔·盖茨的财富为890亿美元，相当于15892万城镇居民一年的可支配收入。而在2008年，我国一般城镇居民的人均可支配收入为1.5万元，比尔·盖茨的财富为600多亿美元，相当于2760万城镇居民的年收入。

为什么富豪的财富升值如此之快？而且持续每年以一定的高速度增长？通货膨胀对富豪为什么没有任何作用？简单说，他们有现代的创富机器。

俗话说，“无商不富”。只是，传统的制造商，和如今的巨富造富的能力，是小巫见大巫。现在是“无股权不富”，准确说，无股权难“大富”。

传统商业必须经由制造业生产的过程，然后才进入财富流通环节——交易，有一定的时间成本。人的时间有限，在没有经过技术革命时，生产的效率很难提高，产值必然受到束缚。但现在，在股权交易市场，没有生产的环节，股权价格是未来多年的利润预期的总贴现值，财富增长的空间发生了根本性的改变。

也就是说，走在时代前沿的公司，在创办成功、上市成功，以及专业化管理也非常成功的前提下，让公司享有独立于创始人、大股东的“法人”人格，如此，公司就具有生存经营多年的良好预期，前景被看好，拥有此公司股权就等于拥有了这种未来多年利润分配的权利。这就是如今大多数财富榜上富豪们财富升值快的原因，也是钱生钱的最好方法。在交易中的钱生钱，是钱要先变成虚拟的同时又是值钱的东西。这些虚拟物是各类财产所有权、债权以及其他规定权利的凭证，即证券或其他交易标的，股权就是其中一种，靠股权赚钱远比靠传统商业利润赚钱来得快、财富规模来得大！

公开买卖上市公司股票的市场，叫作二级市场，A 股、B 股、港股、美股，都是在二级市场上市。二级市场不只有股票，更确切的说法是：二级市场，指的是企业股权或债权已经完成了一系列证券化，进入到证券交易场所流通，具体交易标的可以是股票、债券等。

二级市场有三类参与者，其中企业是最重要的参与者，企业需要在二级市场完成融资，除了企业还有投资者，投资者又分为机构和个人，机构包括公募基金、私募基金、对冲基金和其他机构投资者。最后是监管机构，因为二级市场经常会出现越热越吸引资金、越冷越难融资的正反馈特性，为了保持市场的高回报率、有效性和流动性，监管机构必须参与其中。

当市场完备时，二级市场的价格不断飙涨，一级市场的供给就会跟着增加，压制二级市场价格飙升。反过来，二级市场价格持续低迷，一级市场就会变得很低调，IPO 和再融资会叫停，这样的负反馈特性保证了市场价格平稳。

此时二级市场投资中选择企业的能力尤为重要。选择企业前，又要以景气度最高的行业为主导方向，即朝阳产业，可以让刚萌芽的公司快速壮大。即使企业只能算是行业中细分领域的“新军”，只要站稳脚，同样会受惠于行业的发展，形成业务爆发式增长，获得较高的毛利率。

反之，对于日暮西山的行业，上升空间和安全空间都不大，即使是最优秀的公司，也只能保持较好的经营状况，但盈利会非常艰难，提高1个百分点的毛利率都需要付出极大努力。

但对个人投资者来说，判断市场形势相对很难。而且，正是由于个人投资者的介入，会让市场出现正反馈特性：普通的投资者大多不够专业，理性不足，更喜欢跟风投资，买最热的股票，这种行为会推动股价上涨，吸引更多的跟风者，这对个人、对市场都很危险。

而对高净值人群来说，投资二级市场就更是家族的优先需求，因为此类资产具有高回报率和流动性，能满足高净值人群资本增值的长期需求。二级市场的权益类资产长期回报率高于固定收益类。但为了高回报，也必然要承担股市的短期波动。

分散化是抵抗风险的最有效的手段，大多数学者和投资专家都会采取这种投资手段。一些专家认为：各项资产的相关度越低，分散的结果就越好。分散可以在不同层面进行，比如全球分散，各公司分散：在本国以外的其他国家或地区投资、投资本国没有的行业、投资非本币的币种、投资不同公司的股票等。

巴菲特对此有着不同的意见，他始终坚信“优势领域”集中投资。所谓优势领域，当然是指自己所熟知并具有一定领悟优势的领域。

在高科技泡沫盛行期间，网络公司的股票常常以迅猛的速度冲上巅峰，引来很多投资人的关注和投资。然而巴菲特却始终岿然不动，不参与任何高科技产业股票。于是一些投资人和媒体人开始置疑老爷子的感觉不灵了。但很快他们就被打脸，当泡沫破灭，那些凭借这些高速攀升的股票而一夜暴富的人惨遭滑铁卢，这时人们才开始重新审视巴菲特的集中投资“优势领域”的策略。

对高净值人群来说，特别是有家族企业的高净值人群，投资家族所熟悉的行业，依然是投资的主要方向。

当然，分散投资也不能舍弃，但这与巴菲特的“优势领域”并不矛盾，那就是可以选择比家族熟悉的行业更有优势的领域。为了家族企业的生存和发展，更有优势的领域，必然也是高净值人群主要关注和研究的方向。因此，如此分散投资，必然会给他们带来更好的收益结果。

令人鼓舞的是，股市虽然因投机而波动，但长期回报率依然是依靠企业的长期稳定发展，以及影响企业业绩的实际经济因素。能够高瞻远瞩、实力相对雄厚的高净值人群，只要有完备的投资战略、合理的投资流程、经验丰富的决策团队，在二级市场获取高额利润就不是空想。

第五节　股权投资 PE/VC：在风险中寻求高回报

PE，（Private Equity）私募股权投资，指以私募形式对非上市企业进行的权益性投资。VC，（Venture Capital）风险投资，在我国也叫创业投资，是由职业金融家投入到新兴的、具有巨大竞争潜力的、发展迅速的高新技术产业、生产和经营技术密集型产品的一种权益投资。

PE 与 VC 有很多共同点：都是对企业上市前的投资；都是以私募形式来完成投资；在交易实施过程中，都考虑了未来退出，都通过上市、并购或管理层回购等方式，出售持股获利；在资产组合中的作用都是资本增值；投资期限都比较长，以 3～5 年为基础或更长，属于中长期投资。

但两者又有区别，PE 一般为投资后期，注重已经形成一定规模和产生稳定现金流的成形企业，关注的是公司的财务结构、财务数据、现金流状况以及极限环境下的损失测算，是否能达到符合要求的收入或者盈利；VC 恰好相反，注重企业的前期，更关注的是产品本身、市场潜力及具备的社会价值，以及发展演进和应用趋势。

当然，广义的 PE 对处于种子期、初创期、发展期、扩展期和成熟期各个时期的企业进行投资，即，广义的私募股权投资涵盖企业首次公开发行前各阶段的权益投资，故 PE 包含 VC。相关资本按照投资阶段可分为：创业投资、发展资本、并购基金、夹层资本、重振资本、Pre-IPO 资本（如 bridge finance）、以及其他上市后的私募投资、不良债权和不动产投资等（以上也有重合的部分）。

就投资理念来说，PE 一般是协助投资对象完成上市后套现退出。而 VC 既可长期进行股权投资并协助管理，也可在完成上市后寻找机会出售股权。

就投资规模来说，PE 单个项目投资规模一般较大，VC 则视项目而定。

就投资效果来说，PE 的收益率相对较低一些，但成功率较高，VC 相反。

一般来说，PE 有以下几项基本特点：投资退出渠道有 IPO、售出、兼并收购、标的公司管理层回购等多种形式；考虑到时间成本，PE 对预期的投资回报要求，至少高于投资其同行业上市公司的回报率；为了获得这样的回报率，它们还会设计一些提升企业价值的策略，比如收购兼并、运营优化、市场扩张等。

而 VC 的基本特点有：投资对象多为高新技术企业；投资方式一般为股权投资，以历史数据看，在被投资公司股权中，VC 常占 30% 左右，不要求控股，也不需要任何担保或抵押；为获得高额回报，风险投资人会积极参与被投资公司的经营管理、企业管理、运营等事务。

2001 年，南非亿万富翁库尔斯·贝克（Koos Bekker）创办的 Nasper s 公司，十分青睐当时还默默无闻的网络公司腾讯，并向腾讯投入了 3200 万美元。经过十几年的长期持有，这项风险投资的总收益率约达 4950%，年复合收益率达到 64.94%，被称为风投界的传奇。

面对这种高收益率，唯一能与其相抗衡的就是孙正义投资的阿里巴巴了。1999 年，日本软银集团 CEO 孙正义以 2000 万美元投资马云的阿里巴巴，目前，已经持股 18 年，投资总收益率达 7000%，年复合收益率为 63.6%。

孙正义在接受美国媒体采访时说过这样一段话："马云最初经商时毫无方案，公司也没有收入，员工大约也只要三四十人，但他有一双睿智的眼睛，目光杰出，闪闪发光，我能够这样说，是从他的交谈方式，对待事物的目光来看，显然他的领导力非凡，所以虽然他当时的商业形式有缺陷，但他的谈吐才能不俗。"

最传奇的是孙正义见马云只用了 6 分钟就做出了这样一个世纪性的决定，马云的魅力、其所创建的公司发展前景由此可见一斑。

根据国内外的统计数据，从长期整体的回报来看，PE 和 VC 的平均回报要高于传统模式。对家族财富管理来说，PE 和 VC 股权投资不但能够获得较高的回报，同时还能发展超高净值人士的家族企业，为其适时扩张做好准备。从历史的角度来看，当经济下行或整体经济转型期间，私募股权投资具有穿透周期性。

一、 获益来源稳定

股权的基本投资逻辑是在经济周期中寻找那些跑赢整体经济发展速度的行业。

比如，2008 年在金融危机中崛起的科技型企业，就是在经济下行周期中，股权投资重点部署的行业。对家族财富管理来说，私募股权投资是一个非常好的抵御货币贬值以及对冲宏观经济风险的选择。

二、 股权投资的行业敏感度极高

私募股权投资对市场资金面和创业环境、经济活力都比较敏感。首先，作为流动性较差的长期股权投资，私募股权投资不能形成短期资金闭环，需要长期稳定的资金来源。其次，私募股权投资领域人才济济，剧烈变动的行业特点，激烈的竞争和丰富的经验，使得这个领域的人才具有深刻的行业洞察和广阔的信息触角，他们不但对整体经济状况有丰富的了解，还能敏锐地发现新的投资热点。

因此，当经济衰退阶段到来之前，私募股权投资能迅速调整投资节奏，落实收益、减少投资。一旦感受到实体经济的复苏和上升周期的到来，又会快速找到估值低点投资，以获得经济上升周期中带来的估值增长和企业本身业绩增长两面综合的可观收益。PE 和 VC 投资有个五环产业链：第一是需要资金的企业，第二是私募融资顾问、基金，第三是基金管理公司、基金募集顾问，第四是出资者（机构投资者），第五是市场参与者。其中的核心环节是第二环，其中基金募集顾问为基金管理公司提供服务，而基金顾问为机构投资者提供服务。最后的落脚点，是投资者投资。

目前，中国企业与基金管理公司这两个市场参与者已经初具规模，但融资顾问、基金募集顾问、出资者这三个方面的市场参与者尚在培育。

PE 和 VC 投资原来只集中在美国，如今在中国的发展越来越兴旺，已经比肩美国成为全球最大的股权投资市场，为高净值人群提供了投资组合的优良途径，在做好风险管理的同时，选择这两种投资，都能得到较高的回报。

第六节　对冲基金：以绝对收益为目标来投资

对冲基金（hedge fund），也被称为避险基金或套期保值基金，是采用对冲交易手段，以金融期货和金融期权等金融衍生工具与金融工具结合后盈利的金融基金。

市场的目的是找最正确的定价，使资金供给者和需求者顺畅沟通，并使资金被正确运用到质量优良的企业或者项目中，达到平衡状态。而对冲基金的存在，是能够帮助寻找到市场错误的一种工具。因为对冲基金是一种负反馈机制，也就是说，它的存在，是在纠正市场的错误，保证市场的稳定性、流动性，提高市场的效率。对冲基金也因为这种功效而获得额外的投资回报。

世界上最可怕的对冲基金大鳄，恐怕非索罗斯莫属，让他一战封神的，就是做空英镑。1992 年 9 月，仅用一个月的时间，索罗斯就在欧洲市场获利 15 亿美元，到现在为止，这都是金融界一个传奇纪录。

那时候，欧洲的汇率机制以稳定为目的，限制了 11 种汇率的波动区间。但是由于各国经济发展不平衡，这种汇率机制受到了极大的冲击。索罗斯敏锐地意识到英镑被高估、德国马克被低估。

于是，索罗斯买入了价值 60 亿美元的德国马克和部分法国法郎，同时卖空了价值 70 亿美元的英镑，同时，还买入了英国股票，做空德国股票。

当时英国央行动用了 269 亿美元来买入英镑，奈何羊群效应出现，全球投机市场受到索罗斯行动的刺激，迅速加入战斗，最后英国央行弹尽粮绝，退出欧洲汇率机制。

在国际上，索罗斯的名号一直是“臭名昭著”，抛开其收割获利对世界的不利影响不说，这种对冲基金其实是在发现市场的泡沫，并利用做空工具赌下跌赚钱，需要极强的预见性。

如今对冲基金也已经走过了“套利基金”的阶段，回报率大大下降。对冲基金原来的收费标准是：“2－20”，即通常按管理资产规模的2%收取年度管理费，并按组合增值部分的20%提取佣金。在大量对冲基金无法完成高额套利时，只有顶尖的基金才能按照这个标准收费，其余的都下调资费。

目前中国还没有做空机制，即不允许单边做空，如果做空，必须同时持有多单。因此，国内的对冲基金更多的功能是对冲。我国对冲基金主要有以下几个特点：

一、 通过私募方式募集资金

通过私募的方式向特定投资者（比如机构投资者和个人投资者）募集资金，是中国对冲基金的主要方式。这种方式具有一定的私密性，受金融监管部门的监管约束相对较少，也没有向公众进行信息披露的义务。

如此，投资人在投资策略上就有了更大的自由度，在实际投资操作上具有很高的隐蔽性和灵活性。

二、 追求“绝对收益”

绝对收益，又称绝对回报。通常指不以跑赢市场为参考值，而是通过设立最低预期报酬率和高位标记，来衡量投资收益，以及获取业绩表现费。

三、 基金经理的佣金以业绩为准

投资机构的佣金一般为投资收益的10%～20%，以业绩为标准。为了表示和投资者共担风险的意愿，投资机构通常会将公司的部分资产投入到所管理的基金中，与投资者在利益上息息相关。

对中国高净值人士来说，选择对冲基金，首先要甄选最佳的投资机构，精明的投资人会非常注重长期关系的培养，并对投资机构的投资策略和历史业绩数据保持持续关注和深入的了解。如此，才能找到最适合自己或者家族的对冲基金，收到更好的投资回报。

第七节 大宗商品：扩展投资边界，抵抗通货膨胀

大宗商品，是指存在于自然界中，具有商业价值、具有商品属性，可进入流通领域，但非零售环节，并大批量运用于工、农业生产和消费的物质产品。

大宗商品投资的对象，分为四个类别：农副产品、能源产品、化工产品、金属产品。即可在自然环境中找到的物质：如原油、钢铁、铁矿石、有色金属、煤炭、农产品、木材甚至水等。

大宗商品在资产组合中的主要作用是抗通胀性和与其他资产的低相关性。在通胀回升的环境中，大宗商品常常最受青睐，它不仅能够作为对冲工具，抵抗风险，还能保持自身的价值，带来收益。

将大宗商品加入资产配置组合，能够扩展投资边界。根据马科维茨的资产组合理论，在资产组合中，有低相关类资产，能有

效分散组合风险。因此，大宗商品还能帮助投资者分散风险，提高投资组合的整体收益水平。

随着新兴市场逐渐繁荣，国家的工业化和城市化进程逐渐加快，对自然界原材料的需求必然会增加，但资源并非用之不竭，有些资源具有稀缺性，而且会伴随着开发逐渐减少，甚至枯竭，这必然会加速供求关系紧张。资源的供给有限，使大宗商品投资逐渐升温，投资于大宗商品就意味着长期看好未来社会对资源的需求。

大宗商品投资有直接投资和间接投资两种形式。

一、 直接投资

直接投资不具备可操作性，因为运输、仓储、保险等成本费用高。实际操作中是通过大宗商品基金来完成的，交易所交易基金（ETF）可以规避诸多不便，简单透明，虽然需要承担商品的仓储成本，但可以使单位成本最小化，在潜在收益中可以忽略不计，如今已经成为大宗商品投资中不可或缺的一环。而且，间接投资大宗商品也必须通过 ETF 基金公司才能投资。

二、 间接投资

间接投资包括三种：商品类上市公司股票、现货交易和期货交易，连仓储成本都不必承担。间接投资对大宗商品的风险敞口可能会很小，大多数公司自己会对冲风险。

（一）商品类上市公司股票

对商品类股票来说，间接投资与商品的价格相关度低，受股票市场总体走势影响就很大。而现货交易和期货交易则不然，因为有做空机制，只要能把握正确的方向，无论股市涨跌，都能赚钱。

（二）现货交易

现货交易是把所有投资品种放在一个电子平台上，安全、健康、灵活、便于交易者交易。交易者（包括现货商，批发商，投资者和交易商）可以在平台上通过买进卖出，赚取差价利润（见图 4-1）。

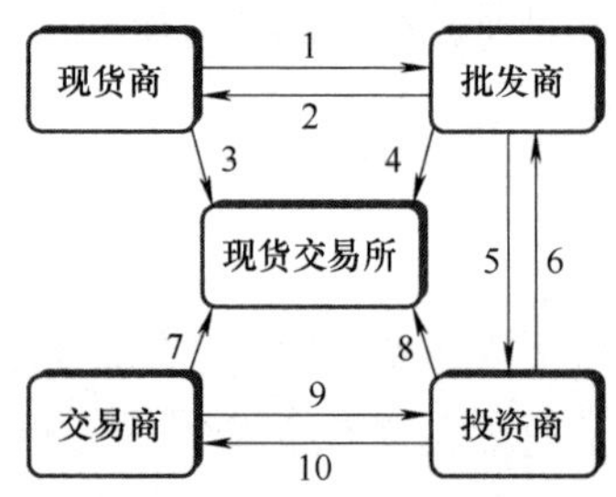

图 4-1　现货交易生态链

（三）期货交易

期货交易是以现货交易为基础发展起来的高级交易方式，是一种远期合约交易，它主要目的就是为了转移市场价格波动风险，是市场经济发展到一定阶段的必然产物。

大宗商品具有同质化、可交易、标准化程度高等特点，而且是被广泛作为工业基础原材料的商品，因此，具有极强的金融属性。近年来，商品期货及其可投资指数数量逐步增加，说明国人已经看到了通过衍生品进行投资的优势。期货、期权是大宗商品金融投资的两种工具，使用这两种工具，投资者可以更好实现价格发现和规避价格风险。

商品期货，是一种承诺在未来以约定好的价格买入或卖出一定数量商品的合约。不同期货合约对应不同的商品基础资产。组合不同种类的期货合约，分散投资，不但可以分散风险，同时也为小额投资者投资大宗商品提供了途径。商品期权则是期货市场的一个重要组成部分，也是资本市场的一种风险管理工具。广义的期货概念是包含交易所交易的期权合约的。

现货和期货投资产生的收益悬殊。现货交易的投资收益取决于商品的价格变动，这些变动主要由库存、经济周期以及商品的长期生产成本变动。而期货交易的收益则取决于商品期货合约价格的变动，期货交易是一种远期交易，期货价格就是一种远期价格。即使商品价格不变，当期货合约价格收敛于商品价格时仍然会产生收益。

大宗商品期货及现货价格变动，会直接反映到整个经济体系，因为大宗商品多是工业基础，处于最上游，其供需状况的变动必然会影响到整体经济。

反过来，大宗商品价格的走势也会受经济周期、供求关系和货币政策的影响。比如宏观经济基本面强劲，产业对铜、铝、铅、锌等金属和原油的需求就会增加，相关交易品种大为利好。

比如，供给侧改革后，许多煤炭、钢铁厂关闭，产能缩小，煤炭、钢铁和有色金属的供应降低，大宗商品的供求关系随之日趋紧张，甚至一度引发A股“煤飞色舞”行情。

当然，不同种类的大宗商品因为其稀缺性、增值性和流动性的不同，其金融属性和对经济的影响有所不同。

对高净值人群来说，有多种投资方式：直接投资大宗商品；持有大宗商品；投资于勘探、收割、生产、采掘资源或为这些行业提供服务的企业；投资于期货投资基金或委托商品交易顾问管理投资等。

第八节 房地产/艺术品：投资组合，分散风险，争取高回报

房地产、艺术品类投资属于另类投资，所谓另类投资，就是在传统公开市场之外的投资。

全球第二大捐赠基金耶鲁基金极负盛名，早在20世纪90年代，在大多数机构还以配置大量流动性资产为投资策略时，耶鲁基金就已经开始转向另类投资，并且长期重仓配置在私募股权、木材、房地产、石油等资产。这种先驱式投资，使耶鲁基金在金融危机前的十年中，创造了年均回报率近20%的业绩神话，成为人们广为称道的“耶鲁模式”，如图4-2所示，耶鲁过去30年耶鲁基金会表现的横向对比。

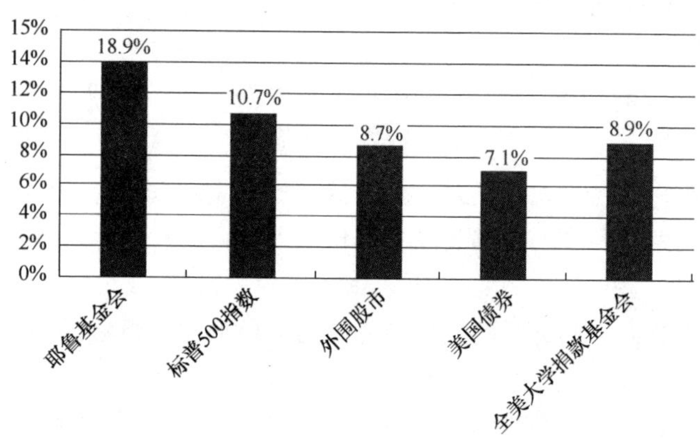

图4-2 过去30年耶鲁基金会表现的横向对比

和其他大宗商品相比，房地产投资也具有抗通胀性，能提供投资组合多样化，风险调整后具有相当高的回报率，现金流固定

且可以预测，因此，成为资产配置不可或缺的产品类型。

房地产投资也分直接投资和间接投资。直接投资指投资住宅、商用地产的所有权，并对其直接管理。直接投资方式简单，但成本高、流动性差，加上项目标的过大会导致集中度风险、物业管理成本和维护费用高等不利因素，所以直接投资只适合超高净值人群。

间接投资有五种投资工具：混合房地产基金（CREFs）、房地产投资信托（REITs）、房地产衍生品、基础设施基金，以及投资开发和管理房地产的公司。与股票投资相比，房地产间接投资有地理上的投资多样化效果，因此有更高的直接控制能力、更低的波动性，并且能对冲通胀。

房地产投资既有优势也有劣势。其中，优势除了能为投资组合提供多样化，能在地理投资上提供多样化外，房地产还能利用杠杆增加回报的潜力。不利因素，除了购买成本高、管理费用高外，还有一个特性，即不可拆分性，单笔投资占投资组合的比例都相当大，而且，每一种房地产资产，都可能是特殊风险的组成部分，比如，特殊地理风险。

对高净值人群来说，房地产是资产配置中不可或缺的产品，一些资金比较充裕的家族，不但在本地或本国持有，在国外也会购置实物地产。

能进入全球富豪榜高净值人群的生活常态基本是在几个相对较舒适的国家或者地区生活或者工作。海外地产，既是生活的必需品，也是投资的必需品。对这些人来说，海外地产在产权保障、长期持有性、代际传承等方面具备优势，既能体现家族传统，也可服务于其家族投资目的。

高净值人群有能力购买并享受一些既有美感，又有升值潜力的艺术品。

艺术品投资在西方比较早。早期的艺术品只存在于教堂，文艺复兴期间，艺术品开始流通，但流通范围也仅限于皇家和贵族。到19世纪，一些财富新贵们成了艺术品有力的购买者。

1838年摩根家族成立的摩根之家，是凭借家族的艺术品收藏促成这个家族财富管理机构成立，目的是为了保护和管理大量的艺术品，同时又能以商品的形式对这些艺术品进行买卖。

除了摩根家族，很多富豪家族都热衷于收藏艺术品和古董，如欧洲的提森·博内米萨（Thyssen Bornemiszas）家族和列支敦士登公国的王室。以及英国皇室的艺术品更是世界上规模最大的私人收藏，拥有超过100万件藏品（数据来源于《收藏与投资》杂志）。

因为和市场上其他金融产品关联性较低，艺术品被认为是一种非常安全的资产管理模式，而作为资产配置的必需品。在西方，超高净值人群的艺术品配置通常能占据30%的份额。

但艺术品收藏具有极大的挑战性，它需要投资人具有更广泛、更完备的知识储备。如果仅凭着激情投资这类产品，必然会遭遇各种风险，所以在选择艺术品时，一定要配备经验丰富的专业顾问，辅助自己完成理性投资。

艺术品投资的交易成本很高，交易成本并非艺术品的价格，而是交易费用，比如苏富比拍卖行收取的佣金就非常高，能达到拍卖品成交价的25%，这笔佣金虽然是买方和卖方共同承担，但分摊后的成本依然很高。

由于艺术品本身价格高，交易成本高，买家相对较少，只适合资金充裕的超高净值人群，所以如果想要出售，可能需要很长时间。

和其他资产一样，艺术品价格也会下跌，而这种下跌无法预测，投资者除了需要有独到的眼光，还需要一定的运气。

但不管怎样，房地产和艺术品相对来说，都是比较安全的投资产品，为高净值人群管理资产提供了优质的途径，而且管理适当的话，还能获得较高的收益。

第九节　固收类产品：维持稳定的收入流

固收类产品，顾名思义是“收益固定的产品”，通常指投资者与金融机构按事先约定好的利息率而获得的收益，包括本金和利息。比如，债券、存单在到期时，就会有约定的利息收益。

与权益产品相比，固收类产品收益较低，但风险也低，相对稳定，也是投资者配置的必须产品，在资产组合中扮演着“稳定器”的角色。

拿债券来说，因借款者多是信用可靠的政府机构（债券）、信用卓越的大公司（公司债券），高品质的债务人通常都能按时偿还利息和本金。政府可以通过征税或增发货币来偿还债务，公司债券在企业资本结构中等级较高，即使企业破产，公司债券也必须要在股东之前得到偿还。因此，债权人的投资始终能保障有回报。目前，我国固收类产品有以下多种：

一、国债

这是目前安全等级最高的固收类产品，由国家进行信用背书。利率标准属于中等水平，略高于银行存款，近几年维持在4%左右。但流动性不高，投资周期较长，一般为3～5年。与其对应的还有以国债为抵押品的国债逆回购。

二、 银行存款

银行存款是国家最基础的储蓄形式，银行不能破产，而且由国家管制和调控利率，因此，安全等级非常高。只是现在利率市场化，银行存款利率会根据市场供需关系而波动；同时，各类股份银行、商业银行、民营银行纷纷进场，加入竞争行列，再加之建立存款保险制度的各方面条件成熟后，国家开始允许银行破产，投资银行产品就有很大的风险。

和国债一样，银行存款利率相对较低，无法对抗通货膨胀。不过流动性要比债券高。

三、 银行理财产品

安全性相对较高，同时收益率高于银行存款，一般在3%左右，整体风险相对较低。和债券一样，资金灵活性差，期限固定，不能提前支取。而且，有一定起购门槛。另外，去刚兑背景下的银行理财不再保本，风险由投资者承担。

四、 货币基金

货币基金是基金公司发行的开放式基金，以货币及其衍生品为投资标的，安全等级高，风险水平较低，属于所有基金类型中风险较低的一类。收益基准大约在2.6%左右，通常随市场资金的紧张程度而定。货币基金最大的优点是：流动性强，可以T+1取现，部分产品甚至可以随存随取，支持T+0取现，非常方便。

五、 债券基金

债券基金指主要以债券为投资对象的基金，标的是有固定收益的债券，会有稳定的利息收入，而基金这种模式本身的分散性能释放债券的风险，因此，投资风险水平中等，略高于货币基金，低于股票型和混合型基金。需要注意的是，尽管债券基金灵活性好，但为了获得高收益率，不太适合短期投资。

六、 企业债券

如今企业可以直接从社会上募集资金，于是产生了企业债券。理论上，企业债券和银行贷款的利率水平持平。因为各个企业性质不同、经营状况不同，企业债信用难以判断，风险水平不一。另外，企业债券的流动性较低，实际利率在中高级水平。

七、 信托产品

信托产品由信托公司发行，门槛相对较高，是专门为高净值人群进行资产配置准备的理财产品。信托产品有违约风险，“借款人”没有实力，或者没有银行担保的信托理财产品，都很容易买入危险。因此，在配置信托产品时，一定要分析项目资质，而且，信托产品往往投资高额企业债券，虽然担保措施比较到位，但风险很高，一旦出现坏账和逾期，可能满盘皆输。另外，信托类产品大多数利率固定，一般利率高，收益率一般在6%～8%，但没有利息浮动条款，执行时按签约利率来，不受利率浮动的影响。

对高净值人群来说，投资固收类产品，可以买入不同到期日的产品，这样不管利率上升还是下降，都可以保障组合的收益率。当然，选择固收类产品，不单单只看风险和收益率，还需要考虑到自身对投资期限、流动性等因素，确保选择最适合自己的产品。

第五章

相伴成长：瞄准企业投资，为家族财富添砖加瓦

有丰富经营企业经验的创一代对资本市场的期望值并不高，他们更希望直接经营管理企业，而不是将大笔资金假手于人，进行财富管理。如今国内资本市场产品越来越丰富，也给了这些有着丰富的经营管理经验的人才新的财富增长模式。只是，瞄准企业投资，要有全球性思维，要能采取长远战略，然后根据个人目标和需求，寻找企业战略需要或最优质的企业进行投资，持续管理，和企业相伴成长，或者持有优质企业的股票，关注稳定的价值创造的驱动因素，为家族财富添砖加瓦。

第一节 布局成长企业，共同创造财富

在资本市场，高收益会伴随高风险，而布局成长型企业，则具有安全性高，回报率也高的优势。

有些家族，即使发现家族企业不景气，必须要卖掉套现后，也依然不会大规模进入资本市场，而是选择更具有战略价值和创新动能的企业投资，重新拥有实业。

阿根廷顶尖的红酒生产商佩纳弗洛集团（Penaflor Group），唯一股东是本姆博家族（Bemberg Family），这是一个传承了七代的富豪家族，之前的家族企业也并非是佩纳弗洛集团，而是基尔梅斯公司（Quilmes），基尔梅斯是酿造企业，是当时家族最大的产业，但是家族领导人并不看好这一产业，于是在2006年，将其卖给了英博集团（Inbev Group）。

因为清楚地知道家族企业在家族财富管理中的重要作用，家族领导人在2008年收购了佩纳弗洛集团。佩纳弗洛集团成立于1883年，在本姆博家族收购其之前，该企业已经多次易手，有着规模宏大、产品优质的特点。本姆博家族将其收购之后，更是加强了管理，并打开了海外市场，销量持续增长，品质享誉世界。目前，该集团是阿根廷葡萄酒业的领头羊。而本姆博家族也水涨船高，拥有巨大的家族财富。

这是一个高科技时代，随着科技创新能力越来越强，企业更新换代的时间就会越来越短。有研究显示，标准普尔500指数公司的平均上榜时间在1964年是33年，到2016年已经是24年，而且随着科技创新速度的加快，平均上榜时间也在缩短，专家预计：未来这一数字可能会缩短到12年。

标准普尔500指数选择的成分股，都是根据市值及流通量，

在美国股票市场各个行业挑选出来的500家最具代表性的龙头企业。

标准普尔500指数公司的上榜时间变化说明，只要有良好的创新理念，财富就能出现爆发性增长，成为行业的龙头已经不需要太长的时间。

反过来，当下的企业，不管已经发展得多么强大，都需要不断地有新的战略，才能应付动荡加剧的市场，保住企业在行业中的位置。

近几年，在中国的实体经济中，并购成了一种非常重要的利润增长的利器。对中小企业，或对正处于资金紧张的企业来说，想要在竞争中获胜，就必须要依靠更有力量的大企业、大财团，同时，大企业要想迅速的扩展企业的优势通道，在竞争对手之前获取有利的地位进入优势行业，借助已经成型的小企业，比从零开始要省心省力省钱。于是，大小企业一拍即合，大企业并购小企业，完成策略式成长，小企业借力在行业竞争中胜出，这是合作双赢。

对家族财富管理来说，布局更多的企业，不但能扩大自家企业的市场份额，还能够降低经营成本，分散行业生存风险，筑起行业壁垒，降低企业发展中的风险。

布局企业分为以下几种方式：

一、 布局优势领域

所谓优势领域，就是自家企业熟悉的领域，包括行业的竞争对手，竞争对手行业，还有上下游产业。

布局与自家企业相同相关领域的企业，能快速消除竞争对手，使企业迅速扩张，还能发挥经营管理上的协同效应，节约成本和共同费用，形成集约化经营，产生规模经济效益。

对外收购整合行业上下游企业，进行产业链布局，则能形成产业链竞争，同时，降低采购原材料成本，缩短生产周期，削减流通费用，改善经营效益。

布局企业的优势领域，会让投资者快速提高竞争力，为企业做好发展的防护保障，提高企业的应变能力。

二、 布局多元化

布局与自家企业完全不相关的产业，即无产业链上的关联关系，产品也没有竞争或者协同的关系。这种投资的主要目的还是为了扩大经营范围，实现多元化经营，提高收益，增强企业的应变能力，降低行业风险。

布局多元化，需要对投资企业的战略、团队、管理、品牌、文化等诸多关键要素进行有效整合，能使其有机融合到已有集团的业务板块之中，发挥其在产业发展战略中不可或缺的关键作用。

三、 生态链并购战略

进行生态链并购，要寻找在生产过程或经营环节相互衔接、密切联系的企业，或者具有纵向协作关系的上下游企业，进行投资并购。在生态链并购战略中，投资者可以共享资源，使企业共同发展。但这种布局，必须要保证自家企业是生态链上的核心企业，并购的其他企业是依靠自家企业获得用户和实现盈利。

这种方法非常适合 TMT（通信、媒体和科技）行业。互联网平台或智能硬件企业的产品，这会凝聚大量的相关多元的产业资源。

例如腾讯在注资京东后，就为京东贡献了微信端口。京东先后在微信小程序上“京商城”和“轻商城”等，这让京东的商户无须入驻京东，就能享受交易、营销、物流等零售基础设施服务，腾讯的大流量，迅速为京东打开了市场。而腾讯的小程序，自开发以来，一直不温不火，增速赶不上预期。京东的加入，则迅速带火了小程序。

这种布局集合了优势领域合作的优势和多元化布局的优势，不但能扩展企业利润，提高企业竞争力，还能达到整个产业生态链形成战略联盟的目的。

布局企业需要精准的眼光，完备的并购战略，对投资者提出了较高的挑战。但不管怎样，布局成长型企业，是财富管理中相对安全性高、回报率也高的投资。

布局成长企业，不只适合超高净值人群，在财富基数上有限的高净值人群依然可以，小企业完全可以借助外部资本，完成一次突破式成长或者华丽变身的机会。

第二节　与伟大的企业一起成长

在布局企业中，高净值人群可以选择直接投资，对其他企业进行并购、收购、重组，也可以进行间接投资，即在市场上购买与企业相关的证券，与伟大的企业一起成长。

巴菲特在《给股东的一封信》里说道：投资股票就是投资企业，一个投资者要想成功，必须要有判断优秀企业的能力，但同时也要能判断价格是否合理。一旦发现好的公司，就可以长期持有，等待价值回报。

1971 年，巴菲特旗下的伯克希尔公司持有的股票投资成本为 1070 万美元，市值为 1170 万美元，持有这些股票，几乎没给巴菲特带来什么盈利。但巴菲特却对股票所对应的公司十分笃定。

几年后，巴菲特在保险事业所持有的股票市值为3930万美元，投资成本差不多，依然是没什么投资盈利。

但时间到了1978年，局势瞬间明朗。伯克希尔公司持有的所有股票，其中包括可转换股票投资成本为1.291亿美元，市值为2.165亿美元，盈利率高达67%，这还是排除了三年间的分红共2470万美元。算上分红，从1975年到1978年三年间，巴菲特所选择的所有股票的投资回报率高达86%，总计1.12亿美元。

其中伊利诺国家银行及信托公司，在1978年的盈利水平就已经达到了平均资产的2.1%，是其他大型银行的3倍，更难得的是，伊利诺国家银行及信托公司在这样的盈利水平下，还能回避其他银行普遍存在的资产风险。巴菲特是在1969年买下伊利诺国家银行及信托公司的，当时这家公司的营运水平就位于行业一流。

而喜诗糖果公司更是被巴菲特形容为伟大的公司，这家公司当时正处于不景气的巧克力行业，巴菲特在1972年投资2500万美元收购了喜诗糖果公司，后来又增加投资3200万美元。尽管如此，那时喜诗糖果公司的税前收入还不到500万美元，这是相当让人沮丧的业绩。可是30年后，喜诗糖果公司已经成为巴菲特的“提款机”，税前收入高达13.5亿美元。

市场总是波动的，但是伟大企业的成长是不受市场波动影响的，只要是成长型企业，同时又被低估低谷，购入其股票，就能带来好的回报。

巴菲特说，他并不在乎市场是否会对低估的股票价格做出反应，因为伯克希尔公司良好的收益，使它可以不断有资金流入，他可以用这些资金来进行股权投资，给企业更充裕的资金，帮助企业完成成长。

在巴菲特的投资中，他把上市公司分为三类：伟大的公司、优秀的公司和糟糕的公司。那些糟糕的公司回报糟糕，就像是扶不起的阿斗，不停地要“啃老”。而优秀的公司就像一个很需要不断激励的孩子，你给它增加投资，它就会给你一个有吸引力的回报，越增加，越有吸引力。而伟大的公司则是最难得，它们本身就运转得很好，有了外力的资助，就更是如虎添翼，还能给投资者以展翅高飞的机会。

喜诗糖果公司之所以伟大，用巴菲特的话说就是：“它能够支付非常可观的利息，而且这些利息会随着时间的推移不断增加。”用大白话理解就是这个孩子独立自主，能力超强，能保护所有的其他的孩子和父母。

根据巴菲特的经验，与伟大的企业一起成长需要三步：

一、 只选最伟大的企业

对高净值人士来说，发现好牛股，重仓长期持有这些企业的股票，如果选对了一家最伟大的企业，对资产增值就会产生爆炸式效应。

以茅台企业为例，17 年里涨幅只有 8 年勉强进了 A 股的前 20%，其他时间都表现平平，中间还有三年出现了较大的回调。这说明，当年企业估值偏高，而且一直以来没有任何催化因素，使股价形成漂亮的走势。但长牛股就是长牛股，公司上市后市值上涨了 125 倍，年复合收益率高达 35%。

一般来说，最伟大的公司，是一个拥有广阔空间的行业，早就为自己高筑起商业壁垒，并且具有财务健康、管理层优秀等诸多特点。有时候，有其中某一种特点，并具有其他极端优势，也可能使其成为一个伟大的企业。比如，“社交 + 电商”这种商业模式，就是非常具有竞争力的起步，它能使一个企业迅速从零扩大到无限。

二、 价格合理就好

选择最伟大的企业，并不是说一定要选择股票正处于便宜价格的企业。但“伟大企业 + 低廉价格”凤毛麟角，可遇不可求。而用合理甚至稍贵的价格买一个伟大的企业，并不失策。因为长期持有，企业的良好运营，很容易给投资者以几何增长式的回报。

做价值投资，选择最伟大的企业，哪怕其在股市上的表现平庸，也比选平庸的企业要更好。

三、 长期持有

我们前面已经讲到了复利。最伟大的企业，会给投资者带来复利效应。只要长期持有，它总不会让投资者失望，会予以良好的回报。

投资就是下注未来，而股价则是未来现金流的折现，选择的企业未来越是明朗，资本市场给出的价格也就越容易符合投资者的预期。

巴菲特从来不投看不懂的企业，只通过对企业现状的评断，来量化“已知的未来”，进而获得回报。

寻找最伟大的企业也许很难，但看懂行业趋势，在回报最优的行业里选择是不会错的。那么，目前中国有哪些可以产生伟大企业的行业呢？

（一）科技创新与人工智能行业

人做人的事，机器做机器的事，这是未来世界的发展趋势，以人工智能改造互联网业务，终将成为引爆财富的一种新的方式。而且，人工智能助力金融投资，前景非常广阔。

其中、云计算、大数据、虚拟现实技术、人工智能等领域都已经经历了初期的积累，将出现爆发式发展，与传统企业进行密切嫁接，孕育出新的更伟大的企业。

（二）绿色低碳与新能源、新材料

国家主席习近平在2019世界新能源汽车大会的贺信中说："加速推进新能源汽车科技创新和相关产业发展，为建设清洁美丽世界、推动构建人类命运共同体做出更大贡献。"这充分表明了中国在绿色、低碳、可持续发展的道路上的决心，对世界新能源汽车产业充分表达了"中国态度"。由此，我们有信心推断出，新能源产业将会是未来市场回报率较高的产业。

未来新经济的发展主要依靠基础材料的突破，我国一些尖端制造领域，如军工和高铁，因为使用了新材料而得到了快速的发展。如今，我国在基础材料、基础化学等领域的科研实力逐渐提升，有些甚至处于世界尖端水平，新材料领域不断得到创新，其市场也十分活跃，未来必将创造出伟大的企业。

（三）生命技术与生命科学

随着生活质量、消费升级的趋势，人们注重健康的潜在需求有着高速的增长。目前，中国医疗服务市场规模已达千亿元级别。但由于国内医疗服务的良莠不齐，如何解决高速扩增的健康需求，成为一个巨大的市场机会。国内拥有资金、医疗、医生等领域的头部资源已经将目光投向医疗与大健康市场。

而在大健康市场最受关注的就是生命技术和生命科学。在基因组学、分子生物学这些基础领域的发展基础上，生命科学技术成了医学治疗中非常重要的手段。而在生物制剂方面也出现了很多世界级的突破，如针对肿瘤、糖尿病等世界性顽疾的新药，不但品种越来越多，疗效也十分显著。预计未来十几年，生命技术和生命科学都将保持快速增长的发展势头，为我国出现更多的伟大企业做出贡献。

（四）文化教育与知识经济

人的未来才是一切的未来。教育永远是人们最最重视的话题，人力资本是财富增长的根本，是企业发展的根本，是个人成长的根本。未来，拥有完善教研体系和品牌优势的教育培训机构，会成为整个市场的最有力的角逐者，不停地攻城略地，在更大的空间整合分散的市场。

资本的流动性保证了这些新兴行业的长足发展，而这些新兴行业的爆发式增长也必然会给资本带来更多的回报。

第三节　扩大交易，让企业产生更大的财富

先说一个小故事："曾有人问经济学家，财富是如何被创造出来的？经济学家回答说：'交易'。你有一袋米，我有一袋盐，你用米交换了我的盐，我用盐交换了你的米。我们都没有增加物质，但都通过交易优化了社会资源配置，创造了财富。"

生产能创造财富，但在新贸易时代，交易才是创造财富的根本。单件物品交换，只能满足个人生活的需要，所以根本感受不到财富的滋味。但"成千上万"件商品，集中在"集市"进行

频繁交易，所能创造的价值，就是显而易见的财富。简单来说，你生产米，多余的米，对于你就是无用之物，而对于有需求之人，堪比黄金。他会愿意用他富余而你没有的物质来兑换你的米，而你得到了你有需求的东西，就是得到了财富。

淘宝这个“大集市”，其交易模式就是集中更多的买家，市场越大，买卖需求就越多，交易就越容易产生，财富就越容易创造。交易会使交易的双方都能得到好处。

这是一个新贸易时代，交易产生的财富，大大超过了生产制造出来的财富。以法国为例，交易创造的财富为75%，生产为25%，商业贸易创造的财富，是工业的三倍。

当然，交易的前提是生产产品或者提供服务，而且是有人需求的产品和服务。所以，获得财富有三个条件：生产产品、提供服务；产品有需求度；标价并交易，以获得财富。

对高净值人群来说，特别是以家族企业为财富根基的，自然会通过不断提高企业的生产力、生产效率，以更节省成本的方式生产出更多的产品，或者提供更优质，更有需求的服务来提高企业的品牌知名度，尽可能对准更多的刚性需求，早早建立行业壁垒，来完成企业的升级和稳定，创造财富。

2003年，淘宝上线，那时候C2C行业的领军者易趣，已经占领市场80%的份额，在互联网寒冬的刺激下，正在寻找营业增收的方法。而淘宝成立后，只是以市场规模为目标，马云给淘宝的第一条锦囊妙计就是不收费。这对易趣造成了极大的冲击。

而且，易趣以国外eBay的成功经验为指导方针，只针对二手交易市场，而淘宝的市场空间则定义为把所有潜在的客户大规模从线下转移到线上交易。而且当易趣霸占了当年三大门户网站的广告位时，马云则巧妙地在中小网站做弹窗广告，线下砸广告，凡是在人群密集的地方，都放置“买东西，上淘宝”的广告。

仅在上线当年，淘宝就已经成为家喻户晓的“新品种”，到2006年，易趣一直没有等到淘宝收费，在孤单寂寞中退场，于是淘宝一家独大。

注重营收增长并非错误，天猫如今也有收费模式，但把目标定在已有的存量市场，又如何斗得过以增量市场为目标的淘宝。淘宝用更大需求的市场，用更大的交易量，创造了更多的财富。

在新贸易时代，被需要比提高生产、优化服务更重要。企业都应寻求以下几个方面的变化：

一、 定制化生产

传统的生产模式是规模化、标准化生产，这是降低生产成本的一种需求。但如今市场细化，需要用更巧妙的办法去开发消费者需求。因此，小批量、多批次、定制化生产就变得极为重要。

马斯洛认为人的需求是有层次地，其实人对物品的需求也有几层：必需品、次需品、热爱品。必需品，顾名思义，就是不管收入如何都要购置的生存、生活用品。必需品的市场需求量大，交易量大，但资金多，竞争多，市场基本饱和。而次需品相对来说可有可无，一般是比较个性化的需求品，即满足个人的特殊需求。次需品如果成为个人的最爱，就是热爱品。消费者对热爱品的需求度会高于次需品，很多时候，甚至等同于必需品。比如，苹果手机当年的战略就是身份的象征，因此，很多人将苹果手机作为必需品，其实质是热爱品。但不管是次需品还是热爱品，都需要个性化定制生产。

个性化定制生产有两个核心：库存低，对消费者需求、市场反应迅速，其中以库存低为重点。因为库存提高经营成本，同时，库存也容易掩盖企业的问题。但追求低库存，能促使企业更有效地去开发消费者的个性化需求。

二、提高大数据的应用能力

在大数据时代，通过获得海量终端消费者的各种数据，能优化生产，可以随时调整产品的设计，来满足消费者的需求。

在新一轮的技术革命中，大数据是关键性的力量，能提高企业对市场的敏感度，推动企业从供给驱动到市场驱动、个性化定制驱动的转变。

提高大数据的应用能力，首先要确保数据的准确性和唯一性；其次要能对大数据进行实时分析，只有进行深度有效的分析，数据才能给企业管理决策带来有效支持。

因为企业管理是个性化的，业务模式也深具个性特色，大数据的落地方法也会因人而异，因企业而异，所以在学习分析和利用大数据时发挥个性特色也至关重要。

三、深耕全球化

在互联网推动下，国际贸易发生了巨大的改变，互联网贸易冲破了国家和地区间的各种障碍，变成了全球无国界贸易。以信息网络为纽带，全球连成一个无量“大集市”，时间、空间都被信息网络消化为零，全球贸易、投资、服务日益紧密结合，交易量无限增大。这给高净值人群管理自己的企业、选择最伟大的企业提供了便利，但同时也提出了挑战。只有跟随时代的步伐，不断拓展市场边界，在贸易内容、贸易主体、贸易规则上都符合市场的需求，才能让自家企业稳定发展，在战略布局时选到最伟大的企业进行投资。

随着“一带一路”建设的步伐加速，企业更应该加强“走出去”“引进来”的意识。其实早在2015年，中国对外直接投资已经超过了吸纳外国对中国的直接投资（FDI），由此可见中国企业走出去的速度和规模。但因为存在着政治、外交、法律以及汇率等诸多风险，当企业国际化人才不足、欠缺金融支持，就难以实现走出去，也难以完成引进来。

但依靠专门的机构，比如国际上成熟的咨询公司，就可以完成市场边界的拓展。华为当年在硅谷和一家基础设施公司组建合资企业，就是凭借专业的咨询者来完成的。

深耕企业的国际化，利用互联网力量加速企业的生产效率、产品品质，提高创新能力、升级合作与营销能力，都能帮助企业扩大交易，提高财富的创造能力。

总之，任何不能扩展交易的变革，对企业而言都是坏事。而不管能提供什么样的产品和服务，提高稀缺性和用户迫切需要性，具备行业定价权，就能扩大交易，迅速扩大财富，成为行业龙头企业。

第三篇
借力家族办公室，实现资产规划与传承

随着全球范围内家族企业和家族财富的快速增长，高净值人群特别是超高净值人群面临着财富的保值增值，家族成员间的关系管理，家族企业的治理和提升等诸多问题，急需借力家族办公室，给家族办公室提供了成长空间。家族办公室在中国虽属于新兴行业，但有国外成熟的经验可以借鉴，加之国内激烈的市场和人才竞争的催发，已经完成了初期的磨合和成长，在法律监管环境不断完善后，必然会成为高净值人群实现资产规划和传承的必要工具。

第六章
家族办公室：家族财富规划与传承的载体

家族办公室在国际上历史悠久，但在古代只是以管家的形式点对点进行财富管理，随着当前财富管理概念的扩展，家族财富管理需要统筹管理高净值人群个人和家族乃至企业，对资产的管理需求也变得更加细化。而家族办公室，因为系统的管理模式，专业的财富管理人才，以及丰富的财富管理工具、平台、机构和方法，而成为家族财富管理和传承最重要的载体。

第一节　生态闭环：家族办公室的历史与现状

家族办公室，是指针对高净值人群，以财富管理和家族服务为业务内容的一种组织和服务。

一、 家族办公室的历史

传统意义上的家族办公室是以管家的形式出现的，管理形式简单，人员结构单一，也没有复杂而系统的财富升值计划。到十字军东征后，罗斯柴尔德、美蒂奇等私人银行家族管理财富的系统是“类家族办公室”。

现代意义上的家族办公室出现在财富管理概念形成的 19 世纪。世界上第一家家族办公室出现在 1838 年，是摩根家族的摩根之家。而第一家真正具有现代意义的家族办公室是 1882 年建立的洛克菲勒家族办公室。到现在，这家办公室已经运营了 100 多年，为这个家族管理着财富，同时还提供包括投资、法律、会计等方面的咨询和管理服务，以及家族事务和慈善事业的管理。

家族办公室在管理自家财富之外，还为其他富豪家族管理资产，提供投资服务。类似于现在的联合家族办公室。而摩根之家和洛克菲勒家族办公室则是单一家族办公室。对于超高净值人士来说，设立单一家族办公室，能够掌握控制权。

家族办公室出现是因为高净值人群出现了以下几个方面的需求。

（一）财富管理和传承需求

美国家族办公室协会（Family Office Association）在定义家

族办公室时，还加入了目标：使家族资产短期内保值、长期内增值，以符合家族的预期和期望，使高净值人群的资产能够顺利进行跨代传承。

从这个定义上可以看出，家族办公室之所以会产生，是因为拥有巨额财富的人有了将财富传承下去的需求。而“类家族办公室”通常只是对资产进行管理和投资增值。

财富不只是物质方面的钱财和资本，还有精神方面的企业家精神、家族财富观念和创富模式、家族人脉资源等。尤其是在跨代传承方面，精神方面的传承比物质传承更重要，它甚至决定了物质传承是否顺利，决定了财富是否有缩水的风险。因此，传统的资产管理和投资增值已经不能满足富豪管理资产的需求了。

（二）需要与家族利益和精神保持一致的理财机构

理财机构有不少，理财方式也繁多，但大多理财机构都是为了赚取佣金，从羊身上拔羊毛，这总是让经历了复杂而艰辛的创富者感觉很不舒服。他们需要与家族利益保持一致的理财机构。

家族办公室建立之初，就是以服务家族为目标，因为具有很强的独立性，也有着独立的营利模式，其利益始终与家族的利益保持一致。

（三）满足个人和家族的个性化战略需求

家族办公室高度专注于家族的个性化要求，即私人定制。最初的家族办公室只是超高净值人群的私有财富管理机构，是单一家族办公室。家族办公室发展到现在，出现了多家族办公室，就是为多个家族服务的办公室，但依然还以追求个性化需求为主要目标。

（四）为家族信息高度保密的需求

在任何一家理财机构管理财富，都会披露个人和家族信息。而家族办公室作为专业独立的机构，有严格的保密措施，而且有一些家族办公室的管理者来自家族内部，有责任保护家族的秘密。

（五）集合多方向的业务精英需求

家族办公室的核心竞争力是人力资本，即专业的精英团队。这个团队里必须要包括银行、信托、保险、税务、财务、律师、投资等各行业的专才，是一个智囊团。

家族办公室是企业家和家族企业之间的财富闭环、资产闭环，通过家族办公室，企业家和家族企业创造财富的动力就成了永续力。

二、 家族办公室的发展现状

（一）潜在市场规模庞大

2000 年是家族办公室的一个时间转折点，这一年后，全球家族办公室数量激增。而且，在 2000 年后建立的家族办公室，管理的财富规模远远大于之前建立的家族办公室。

根据瑞银集团发布的《2018 年全球家族办公室报告》的数据显示，全球家族办公室的平均回报率近几年逐年攀升：2015 年回报率仅为 0.3%，2016 年则达到 7%，到了 2017 年，回报率达到 15.5%，比 2016 年翻了一番。

目前，美国约有 5000 家家族办公室，是建立家族办公室最多的国家，这还不包括隐秘在企业内部运作的，据估计，这部分家族办公室可能存在 6000 多家。其中，有些家族有多个家族办公室。在欧洲，约有 2000 家家族办公室，而亚太地区作为新兴市场，仍处于发展阶段，但近一两年可能会出现暴增的趋势。

（二）服务主体多层次、多元化发展

单一家族办公室仅限于超高净值人群，是比较昂贵的金融工具，但多家族办公室则可以服务于大多数高净值人群。随着财富管理行业越来越火爆，多家族办公室也得到了更好的发展机会。多家族办公室的规模经济可以降低运营成本，同一个服务平台，同一个投资团队可以服务多个家族。由于不同家族拥有不同领域的经验与人际关系，随着多家族办公室服务范围和经验的不断扩展，可以更好地为家族企业资产配置和家族管理提供帮助。

（三）服务内容向帮助家族实现事业平台转换

家族办公室在某些功能上可以代替家族企业管理团队，当创始人离任，后辈没有可以胜任经营的人，或者不想进入家族企业时，就可以转让股权，套现后建立家族办公室来管理和传承财富。洛克菲勒家族就是这种模式。

（四）管理模式逐渐向专业化发展

随着金融环境越来越复杂，家族办公室对金融专业人才的需求越来越大，家族办公室也从非专业化的家族成员走向非家族人员的专业化团队。家族则通过董事会或家族委员会来控股家族办公室。

总之，家族办公室既是专业的理财机构，又可提供优秀的企业管理人才，同时还很擅长对生活和财富进行全方位的服务。选择家族办公室，可以让财富管理变得集中、系统及安全，它是家族的首席运营官。

第二节 突破壁垒：中国家族办公室的现状与发展

业界普遍认为，2013 年是中国家族财富管理的元年。在这一年里，平安信托、招商银行等机构陆续推出了家族信托产品，正式为家族财富管理代言。与此同时，党的十八届三中全会特别强调了民营经济的重要性，等于为财富管理行业开了政策通道。

尽管家族办公室的认知在当下中国还没得到统一，但家族办公室现已在国内落地，巨大的市场需求给了家族办公室加速发展的驱动力。尽管目前仍有政策、法律等制度障碍，但发起机构动力十足，已通过内部团队建设等方式开拓业务。

中国家族办公室的客户群体与美国、欧洲仍有所不同。美国的客户更喜欢金融投资，对个人与商业经营没有兴趣。欧洲的客户更关注税负，青睐于有减税作用的投资产品、规划和咨询服务。中国是新兴的财富市场，财富大多来自实业，很少有从资本市场高调崛起的富豪，因此，中国高净值家族持有现金比例高，很关注不动产投资，正从对实体企业的经营和管理的高度关注，转向对资本市场的高度关注。而且，中国高净值家族对财富的意识也不够成熟，对收益报以期望过高。这对中国家族办公室提出了更大的挑战。

目前，中国的家族办公室对高净值人群来说，还是一个陌生的事物，大多数人还习惯以投资机构，特别是私人银行来管理财富。也有一些人因为创富阶段奇迹式的人生经历，更相信自己，自己亲自理财。

创一代对新的金融工具和服务相对保守，但富二代相对来说比较开放和灵活，他们大多在西方国家接受了金融和经济方面的教育，对西方的金融市场也极为熟悉。这为家族办公室在中国落地和发展提供了机会。当家族对这些富二代委以重任，他们大多会选择和机构，尤其是和家族办公室合作的方式来完成财富管理和传承。

下面以著名的汇信家族办公室为例，描述中国家族办公室的业务内容：

国内的家族办公室大多包含三方面的内容：家族传承规划、家族财富管理和家族资产管理。其中家族财富管理包括：全球资产配置、全权委托、投资管理、家族信托/保险（见图6-1）。

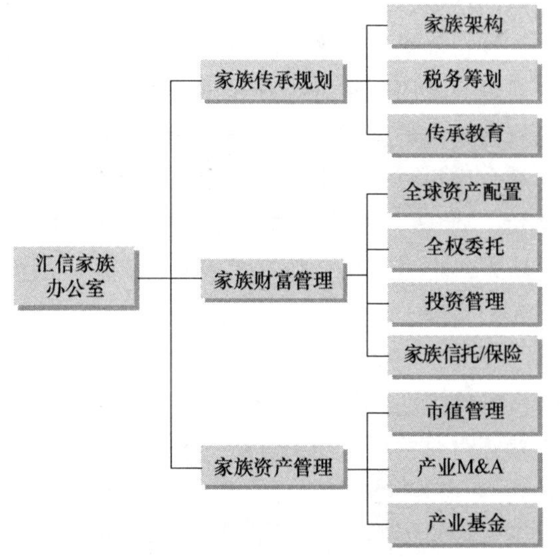

图6-1 汇信家族办公室业务图

一、全球资产配置

协助家族把资产配置到全球主要的外汇、股票、债券、基金以及衍生品市场和优秀的另类资产，将资产长期配置于稳定增长的经济体项目中。

二、全权委托

基于信任，家族将一笔资金委托给家族办公室；作为受托人，家族办公室根据客户的风险偏好与投资目标为客户进行个性化的资产配置或投资运作。

三、投资管理

通过为家族建立统一的资本结构，全方位了解家族资产配置，对资产配置不足的地方进行专项投资及投资管理，实现家族财富合理规划，促成家族事业与财富的繁荣发展。

四、家族信托/保险

家族信托/保险是家族资产配备的重要内容之一，合理规划家族财富，对后代生活提供可靠的保障。

很多拥有企业的高净值人士，会将家庭财富与企业财富混为一谈，这存在着财富缩水的巨大风险，一旦企业经营不善或倒闭，后果不堪设想。针对这点，汇信家族办公室的处理方法是设计有效的隔离机制，为家族防范风险。

因为国内的财富管理市场极为火爆，家族办公室必然不会一枝独秀，未来，随着高净值群体的扩大，创一代进入退休期，代际传承变得越来越重要，家族办公室必然如雨后春笋般，繁荣生长。其中综合性金融机构内部资源繁多，其建立家族办公室具有一定的竞争优势，能实现对客户服务的无缝对接，将会成为未来家族办公室的主流力量。

但家族办公室从诞生伊始就以具有极强的私密性为原则，其投资管理经验很少直接公之于众，这为国内家族办公室学习经验带来了困难。国内的家族办公室必须要在投资管理中总结自己的经验，提高技能。因此，只有最优秀的家族办公室才能够在竞争中脱颖而出。

以汇信家族办公室为例，它之所以在高净值群体中具有权威性，是因为它具有以下优势：

资源广阔：通过优质基金 GP、政府等关系网络系统化获取基金标的，避免了标的来源的随机性；优质且持续的基金标的来源，是汇信家族办公室的实力所在。

协同效应：在投行业务中积累了对不同基金的关注力和洞察力。

议价能力：整合多个家族议价能力，争取最佳的投资机会。

投资机遇：随着互联网的普及，"一带一路"的建设及混合所有制改革政策的推出，中国市场进入快速成长期。

由于财富分配的不平衡，未来中国家族办公室会呈单一家族办公室和多家族办公室并存的方式。据瑞银集团与康顿财富公司的调查显示，目前亚太地区超高净值人群会让家族成员参与到家族办公室的管理中，以提高控制性。而且这有可能会成为一种趋势。但同时，因为家族办公室向高净值人群倾斜，多家族办公室也必然会迎来繁荣期。

另外，美国家族办公室之所以能够在投资领域独树一帜，与美国资本市场的极度繁荣、成熟透明、投资产品丰富多样分不开，中国的家族办公室想要获得同样的优异成绩，需要依据国内和国际两方面的市场进行具体分析，然后再进行资产配置。

当然，人才是最核心的资产，家族办公室服务于顶级的财富家族，储蓄精英、留住人才，才能帮助家族办公室繁荣发展。

但不管怎样，在财富管理繁荣的新时代，中国的家族办公室也必然会越来越成熟，越来越受高净值人群的青睐。

第三节　管家 VS. 商人：家族办公室与私人银行的区别

私人银行是目前中国财富管理行业的主要参与者。由于拥有广泛的网络和客户基础，私人银行比家族办公室更早进入高净值人群的视野。在目前家族办公室尚不成熟的情况下，私人银行依然是高净值人群最好的财富管理工具。从开户数看，国内商业银行把控着私人财富市场 88% 的份额。

但随着高净值人群数量的快速上升，其需求呈现多样化，传统的银行业务已难以满足需求。国内第一家建立私人银行的是中国银行，2007 年，中国银行与苏格兰皇家银行合作，建立了私人银行部门，在国内开启了私人银行业务服务的新纪元。现在，中国工商银行、中国建设银行、招商银行等几大巨头都已经建立了自己的私人银行部门。

商业银行有着庞大的客户群体、丰富的产品资源，拓展用户做财富管理有着天然的优势。有些私人银行部门力图把自己打造成完善的家族办公室。但产品、服务的创新以及人才的培养却不可能一蹴而就，需要时间的历练，需要经验的积累。

家族办公室和私人银行之间存在着以下一些区别。

一、 家族办公室能保证家族利益最大化

私人银行脱胎于商业银行，虽资源丰富，但也有一定的局限性，即它代表的是银行的利益，而家族办公室完全是独立的，代

表的是高净值人群家族的利益。特别是带有传统银行印记的私人银行，业务线繁多复杂，私人银行业务只是其中之一，私人银行业务线的发展取决于银行的整体发展战略部署，部分服务于整体战略，因此，会受产品销售为主导的工作方式限制。

家族办公室则能更主动出击，多渠道、多方式、多层次寻找投资机会或金融服务，争取让家族利益最大化。家族办公室的出现，就是因为作为私人银行客户的高净值人群不愿纠缠于银行间的合并、利益冲突，更不愿意被无休止的产品营销推广所困扰，他们更需要全身心为自己服务的财富管理机构。

二、 家族办公室服务更精细化，具有持续性和系统性

家族办公室相当于家族的金融管家、财富管理 CFO，服务会更加精细化，在专业水平极高的人才储备的基础上，保证了服务的持续性和系统性。即使多家族办公室有多个客户，也有强大的团队支持做长线管理，全面、完善地服务于家庭。

三、 家族办公室以财富永续、 家族基业永续为工作宗旨

私人银行以理财机构的方式出现，更擅长财富投资管理和财富增值，在制订投资策略和组合资产配置方面具有更大的优势。而家族办公室基于家族基业永续的立场，也有财富管理的目标，但其服务范围更广泛，涵盖了高净值人群周围的生活、人脉等，对客户介入程度高，属于贴身管理。

比如，家族办公室还负责家族后代的教育，负责企业的经营管理以及继承，负责财富在家族成员中的分配、家族名誉地位的管理、慈善基金会的设立，还有一系列家族内部衍生的事务处理

等，其中以法律、税务及财富管理三大内容为基础进行管理。以汇信家族办公室为例，家族办公室的管理框架见图 6-2。

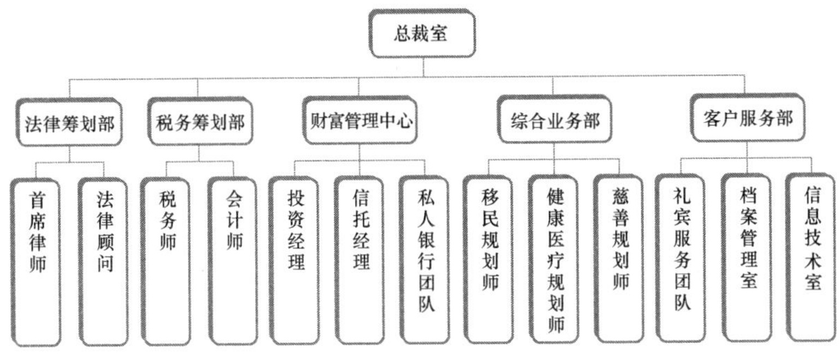

图 6-2　汇信家族办公室管理架构

当然，私人银行为了在财富管理方面获得更大的市场份额，必然会在以上几个方面进行改革，尽可能靠近家族办公室的业务模式，能与客户利益一致，把服务范围扩展到企业和财富的传承以及其他家族服务方面。但这就使得私人银行和家族办公室不再泾渭分明，而会越来越协同，有更多的合作机会。

四、战略目标与盈利模式不同

私人银行和家族办公室的营利模式也不同。按照行业惯例，家族办公室直接服务于高净值人群或者家族、企业，收取服务费，服务费的收取比例一般为管理资产总值的 1%。而私人银行收取的是服务费和佣金。私人银行一般按照资产的比例收取服务费，或者从客户认购的投资产品和服务中收取服务费和佣金。

五、 家族办公室私密性好，专业性强

家族办公室在提供资产配置、税务筹划、企业传承于一体的一站式服务时，比私人银行更具有私密性，也更专业、更便捷。

对从业人员来说，古典家族里面的家族办公室服务人员，常常也是代际传承，即世代服务于某家族办公室，这样对特定家族的了解也更深，服务内容和服务方式也会更适合家族，私密性更好。但目前在中国，大多数高净值人士刚刚进入代际传承，还没有形成这样的趋势。

六、 家族办公室人力成本高

由于家族办公室服务更加细腻、多元化和系统化，需要不断扩充和提高顶尖人才的储存，人力成本相对较高。而私人银行为不特定客户服务，客户之间可以共享服务平台，共享专业的财务管理团队，客户间的理财和家族事业管理方面的经验也可以共享，人力成本相对较低。

除了服务宗旨不同，上述所列的差异都具有相对性。因不同的家族规模，不同的资产情况而有所不同，一般来说，家族办公室更适合超高净值人群。因为其年管理费就高达几百万元。但家族办公室的规模有限，人员的培养无法做到私人银行那样专业、细分。所以，即使高净值人群有了自己的家族办公室，通常也会和私人银行合作。

第四节　自律友好：家族办公室的监管特点

由于我国实行分业经营、分业管理体制，对家族办公室乃至

整个财富管理行业的金融服务并没有成熟的监管经验。但欧美的财富管理发展较早，已经有了较为完备的监管体系。亚洲一些国家在经济起飞后，也逐渐学习和借鉴欧美成功的监管经验，并逐渐本土化，形成了一套基于欧美的监管规则。

一、欧洲的监管

英国的金融监管模式是以统一监管和混业经营为主。为了规范和完善高端财富管理业务，提高风险体系效率，英国在监管理念、监管手段、监管工具上都加入了国际监管协调、系统性风险审慎监管和投资者与金融消费者权益保护监管等内容，同时，还对金融产品品种的投资比例实行指标化监管，对非核心业务进行剥离，加强风险控制力度。

对风险性质不同的家族办公室，欧洲实行不同的监管制度。

瑞士家族办公室分为两种：代客理财和咨询建议。代客理财式家族办公室，必须要加入行业自律协会（SRO），遵守一定的章程和公约。加入 SRO 有利于建立行业信誉准则、防止非道德的行为发生、建立行业规范，同国际市场接轨，加强与金融市场的对接、更方便接受反洗钱法案的监管。

咨询式家族办公室因其不参与客户资产的投资，隔离在金融风险之外，因此，瑞士金融市场监管局（FINMA）并不对其进行监管。这类家族办公室只需要向相关机构报备办公室的责任和权利即可。

二、美国的监管

早在 1940 年，美国就颁布了《投资顾问法》，随着金融市场的繁荣，各州有关投资顾问的法律规定都日渐成熟。该法规定，为投资者进行投资咨询并获取报酬的个人或者机构，必须要注册并取得执照后方可运营。《投资顾问法》是明确规范财富管理行业的基本法，对投资顾问机构在注册管理、信息披露、信息保密、业务合同、业务指引等方面做了详尽的规范。其中，该法规还明确规定：注册投资顾问对客户负有至高无上的信托责任，顾问机构或者个人必须要把客户的利益放在第一位。保证了投资者雇用财富管理顾问的安全性，促进了财富管理行业的繁荣昌盛。

20 世纪 80 年代末，美国商业银行开始拓展高净值人士的金融服务市场。1999 年 11 月，美国废除了主宰美国银行体制多年的《G-S 法》，颁布了《金融服务现代化法案》，金融证券、银行、保险三分天下的格局被打破，随之监管的界限也被打破。各个财富管理机构如商业银行、保险公司可以互相介入对方的产品线，这大大丰富了财富管理的内容。

美国是在岸主导型市场，离岸理财业务受到《爱国者法案》和其他一些法规的限制，高净值人群及其家族办公室大多会主动发展在岸业务，并进行产品化创新。

2011 年，美国证券交易委员会（SEC）将家族办公室排除在《投资顾问法》的监管范围之外，但在《金融监管法案》中，对家族办公室进行了严格的定义，只有满足以下两个条件才能被称为家族办公室：一是为家族客户提供证券投资顾问服务，其中对家族客户的资产规模、资金特点在法案中也有严格的定义；二是除家族客户外，不再对外提供任何投资顾问服务。

三、 亚洲地区的监管

亚洲地区主要以新加坡为代表，是世界上经济自由度排名第二的地区，仅次于中国香港，目前是亚洲最重要的财富管理中心之一。新加坡没有对家族办公室出台任何监管的法律法规，但是在新加坡《金融顾问法案》中明确规定："在任何情况下，向不超过30个授权客户提供投资研究报告的持牌金融顾问无须接受该法案的监管"，即在新加坡注册成立的单一家族办公室和多家族办公室不需要接受新加坡金融管理局（MAS）的监管，这保证了家族办公室日常运作以及相应资产管理的灵活性和自由度，对保护客户隐私提供了更有效的保障。

经济自由度排名第一的地区是中国香港。香港对家族办公室的监管是通过相关投资顾问的法案法规来监督和规范的，而且，香港主要通过发放执业牌照来实施行业准入管理，而证监会《持牌人或注册人操守准则》规范了从业人员和机构的职业行为。例如，从业人员需要充分了解客户的信息，充分了解向客户介绍的投资产品，提出有依据的投资建议，以文件载明及保留向每名客户推介每项产品的相关材料等。

总体来说，客户的单一性和有限性决定了家族办公室不同于一般的投资咨询或者资产管理机构。对家族办公室的监管有如下几个特点：

家族办公室提供的产品和服务具有高度定制化的特征，具备更强的私密性以及较低的金融风险；欧美地区更强调客户的私有产权和隐私保护，仅服务于特定家族客户的家族办公室具有相当的私有产权性质，受到法律的保护；欧美发达经济体的金融市场已经经历了几百年的发展历程，行业市场高度发达，社会信用体系相对完善。因此，西方对于家族办公室的监管相对较为宽松。

我国的多层次金融市场相较西方尚处于起步阶段，金融产品体系还不够完善。金融机构风险管控能力仍有待提高，金融机构从业人员职业道德素质参差不齐，也提高了风险管理的成本。家族财富管理和家族办公室作为一种横跨法律、金融、税务等多方面综合性新型金融服务业态，综合了金融行业的投资咨询、资产管理以及信托等业务，但由于客户的单一性和有限性，传统金融监管法律还没有完全跟上这个新兴服务业态。为了促进家族财富管理行业的持续健康发展，规范家族办公室的运作，防范该领域的金融风险，我国对家族办公室监管也会逐渐出台相关规定，并逐渐加强行业自律。

第七章

管理与服务：家族办公室的价值投资管理之道

家族办公室的核心目标是为家族持续创造价值，不但要能为高净值人士提供理财规划，同时还能站在客户的立场上，为其提供财富管理及家族传承中产生问题的服务，比如税务规划、慈善规划和财务规划，甚至子女教育。解决所有的问题之前，首先要帮助家族建立家族愿景、进行家族文化、价值观的梳理，然后以理财规划为前提进行投资管理。

第一节　财富理念：明确家族的文化、愿景和价值观

家族企业的传承，表面上是财富、权利的传承，实际上是精神、理念、人格、品牌以及凝聚力等诸多方面的传承。回顾成功的家族企业，他们能够代代传承，就是因为他们有明确的家族文化，有明确的理财愿景。

一、 家族文化

瑞士瓦伦堡家族恪守的座右铭是：Esse nonVideri”（拉丁文，意思是“存在，但不可见”），这体现了家族一直非常低调。瓦伦堡家族企业拥有爱立信、伊莱克斯、Atlas Copco 等行业巨头公司的大部分股份。但家族中却没有一个人出现在瑞典最富有的前 100 人名单中。

瓦伦堡家族有这样一条家训：生活中必须要坚持节俭的原则，甚至在弟弟要穿哥哥的旧衣服方面也做了硬性规定，无论是服兵役、进入知名大学，还是在跨国企业就职，都要穿家族前辈的旧衣服。

瓦伦堡家族对财富的认识就是，企业只有最优秀的人来做，才能获得最高的利润；家族不看眼前利益，而注重长远价值。

西班牙商学院的海因里希·列支敦士登（Heinrich Liechtenstein）曾经说过：家族文化是比正式的治理文件等更有效的团结家族成员的模式。

优秀的文化传承是能让家族合理管理财富、顺利传承财富的基础条件之一。因此，家族办公室在为高净值人群制定理财规划时，首先要做的，就是了解家族的历史渊源、明确家族的文化价

值观，并进一步确定家族财富的理念和愿景。

比如，了解家族财富的来源，现有的资产、曾经雇用了怎样的投资理财顾问、投资决策使用何种方法，以及家族在投资方面的成功与失败，在这些信息中，梳理出家族的风险观念、投资理念、流动性偏好、文化凝聚程度、金融理财能力，并根据信息和梳理出来的数据，和家族成员一起制定最符合家族原则与目标的理财规划。

任何需要家族信托契约或治理原则中规定的限制或准则，都必须要在理财规划制定之前进行明确，并做到规定。

二、 家族的财富理念

根据国际家族理财协会的研究，已经完成多代传承的家族在财富理念上和未能通过代际传承考验的家族完全不同。前者将家族成员看作是财富的保管者，而后者则以财富的所有者身份来享用财富。我们在前面曾有部分说明这两种观念的区别。前者更注重财富的长远传承，对家族和后代的责任感强，而后者则可以任意支配金钱、奢侈消费、赌博式投资，可以看心情赠予。

现在，最成熟的财富理念是混合理念，家族后代成员也有享用部分财富的权利，但另外的大部分都是要以家族办公室（或家族信托）的管理模式经营的。若要财富永久流传，以这种混合理念最为合适，消费一小部分，留存一大部分，而且要对下一代进行财富传承的教育，将保管者的责任感和义务传递给后代，并对遗产、风险、消费纪律等设立明确的规定。

三、 家族愿景

做过企业管理的高净值人群都知道，为企业制定愿景看似容易，但实则很多愿景都成了口号，难以落地。家族愿景也同样如此，知易行难。但家族愿景是对家族成员最好的激励，制定家族愿景，可以明确家族成员的行为目标，提高家族成员的凝聚力。

家族办公室在帮助高净值人群制定家族愿景时，需要考虑的问题也非常多，家族历史，家族的文化等，而最后却要用最简明的语言，将其表现出来，还要做到鼓舞人心。

汇信家族办公室在为某企业家做财富管理时，为其制定的家族愿景是：本家族要成为因为创造价值而受到尊敬的家族，家族办公室始终以稳健的方式，完善地处理一切企业和家族核心事务，包括家族企业、财富管理、慈善捐助等。

四、 家族价值观

家族价值观是以家族愿景为基础，对家族愿景实现的具体执行，是可传承的精神思想。

日本的长寿企业有一个共性，那就是专注于本业，做匠人，精益求精。他们致力于做出优质的产品，以及为客户提供优良的体验。这种价值观对保管家族财富的意识和实现家族有尊严的愿景非常重要。这使他们不会过度追逐近期利益，也不会丧失家族企业的价值再造能力及在用户中的信用。这种家族价值观不但能融合家族的创造力，还上升到了民族文化的高度。在这种家族价值观的引导下，日本长寿企业的每一代人都会关注产品的细节，如同仪式般一丝不苟。

如今的世界财富格局是，全球 8% 的人掌握着世界 85% 的财富。高净值人群个人和家族的价值观影响更为深远，这对他们的社会责任感提出了更高的要求。而高净值人群的社会责任感对他们个人和企业在民众中的信用和影响力也极为重要。

因此，在美国有一些家族会在投资方面有明确的价值观。比如，有些家族禁止将财富投资于某些会对人类造成伤害的产业领域，如烟草、博彩等。

作为投资管理人，家族办公室会根据家族的价值观，寻找促进家族企业健康发展和家族财富健康增长的项目。

虽然对家族办公室的职责和义务没有明确的行业准则规定，哪些服务是必须要提供的，哪些是办公室坚决不能涉及的区域，但对家族办公室来说，必须要深谙家族的特点和需求，了解家族文化、明确家族的财富理念，确定家族的愿景和价值观，这样才能全面而系统地对家族财富做出更有效的管理计划和管理模式，才能更好、更全面地预测家族财富管理在任何阶段可能出现的风险，并规避之。

第二节　战略管理：系统、科学地进行投资管理

帮助高净值人群个人和家族完成资产的保值增值，并在此基础上完成个人、家族、企业以及家族成员各个层次上的目标，是家族办公室的首要任务，而为了完成这个任务，家族办公室必须统筹安排，制定财富规划，进行系统、科学的投资管理。

完整的理财战略要求家族办公室必须要对经济环境、行业、具体的投资产品等都有一定的了解，并能够借助工具和人才进行细致分析，进而构建分散风险、获取收益的投资组合。

一、财富架构

家族办公室首先是财富架构师，家族办公室不受理财产品的限制，可以运用多种工具来搭建财富构架，合作私人银行和保险

机构，设立家族信托和家族基金会，控股公司等。

家族办公室不是理财专家，不需要投资技术熟练，也不是解决财富传承中其他方面问题的专业人士，它必须借助更多更优秀的人才、机构、平台、工具等进行系统安排。即它可以统领精通法律、会计、金融、保险、投资理财等专业的人才，并使之服务于一个目标。这是财富管理在国内发展到的最高阶段。最低阶段是金融产品销售，中间阶段是理财师。

除此之外，家族办公室还要理清高净值人士的财富所有权，例如，资产是在公司名下还是在个人名下，贷款、担保以及个人债务情况等，并以此为依据，确定理财战略，比如是否可以设立家族信托或者基金会，然后挑机构，选产品，进行财富的传承部署，以实现财富的安全、隔离、节税、传承等多方面的最优化。

二、家族财富目标

财富的战略规划不同于投资，投资强调的是收益，为的是资产增值，而财富规划更看重理财目标，尤其是高净值家族个人和家族整体的目标协同。高净值人群为了进一步创造财富，需要在维护人脉资源的同时承担社会责任，以及维持各个方面的支出水平，因此，有一定规模的消费支出需求，这些消费资金不能有风险。家族办公室必须在这样的目标前提下进行资产配置，以获得固定安全的现金流。比如，最重要的人力资本，对后代的教育，每个家族都会预留相应的教育费用，家族办公室会依此配置资产。

三、考察风险承受能力，确定合理的收益规划

特别是一些在资产配置方面比较单一的高净值人士，因其在

经济高速增长期获得了较高的收益率，通常会难以接受家族办公室制定的稳健的收益率目标。这是目前家族办公室面临的问题之一。但家族办公室更具有资产配置意识，也更熟悉市场的不确定性和长期走势，因此，在考察客户是否具有高风险承受能力时，通过配置高风险、高增长为导向的资产，来确保完成更好的收益率。但不管怎样，都要说服客户将收益率确定在合理的范围内，特别是如果客户的风险承受能力低，收益率就更不能确定得过高。

高净值人群通常有高估自己风险承受力的倾向，家族办公室必须要使用技术手段，来确定客户的承受风险等级。

四、 资产配置和长期战略

资产配置是提高投资确定性的方法之一，是长期战略的主要支撑。简单地说资产配置就是把资金放在不同用途的渠道上进行分配。这种分配必须先对资产进行分类，然后结合投资者资产负债状况、资金规模和现金流需求等诸多因素，在不同类别进行分散投资。

资产配置早在1921年就产生了，当时《华尔街日报》提出了一个最优投资组合：25%的稳健型债券+25%的稳健型优先股+25%的稳健型普通股+25%的投机性证券。这种投资组合在当时就十分受欢迎。

到马科维茨的现代资产组合理论出现后，资产配置的模型就更加复杂了。目前，最普遍的一种符合长期战略的资产配置模型是金字塔（见图7-1）。

在这个金字塔模型中，处于最底层的资产风险最低，收益最稳定，越往上，风险越高，收益率也越高。通过对资产进行分

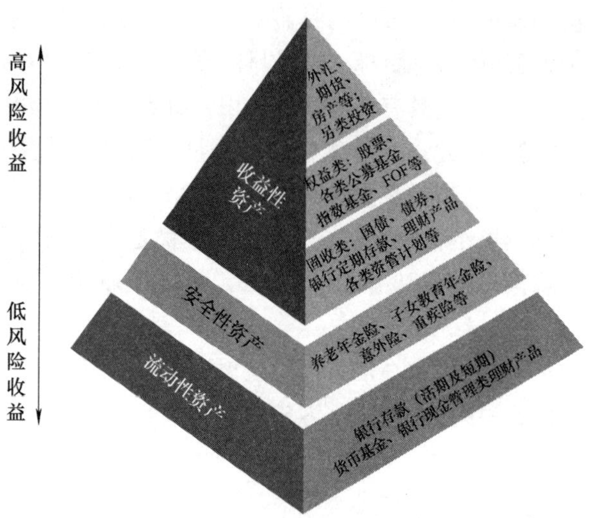

图 7-1　家庭理财资产配置金字塔

类，可以确定其风险和收益。

家族办公室首先要考虑的就是必要回报率，即完成家族所需的现金流，应该配置的资产比例，然后确定投资组合。为了让投资组合更有利于必要收益率的取得，家族办公室还要依据专业人士建模对投资组合进行评估，预期回报率大小和风险水平。

随着投资业绩的出现，家族办公室还需要再调整与再平衡投资组合，这就需要重新排列各项需求的目标优先等级，以确定最需要的目标，配置最具安全性的资产。

五、家族保障规划

包括税务规划、遗产规划、财务规划。一套完善的家族理财战略必须要包含财务和非财务方面的规划。基于家族目标而设立的资产配置模型固然重要，但其他方面的规划同样重要。家族办公室必须要全面考虑过去的经验和对未来风险以及回报的预期。

六、人力资本

简单地说就是对后代的教育，也包含创一代为主要领导人时对家族的治理，主要目的是为了保证家族和谐，人力资本利用能够最大化。家族办公室要帮助高净值人士建立适当的家族治理结构、家族治理方案，以及后代教育的执行和实现。这是家族传承中最重要的条件，也是一个长期目标，必须要考虑多代的社会和经济变化。因此，需要定期检视和修整，以确保更好地为家族财富传承贡献力量。

当然，不同家族办公室的理财战略也有所不同，因为不同的家族财富规模，对财富的需求，家族文化和企业价值观等也不相同，但制定理财战略的目标就是确保后续的各项决策不至于孤立，是在充分考虑了全局的基础上做出的决策，因此，每个家族办公室都会为高净值人群制定理财战略。

第三节　全球资产配置：分散风险，减少波动，税务筹划

随着高净值人群财富管理意识的逐渐成熟，投资方向也从单一的资产投资向整体的资产配置方案转变，这就要求家族办公室具备实现跨时间、跨地域的全方位资产配置能力，尤其是全球资产配置能力。

根据美国经济学家哈里·马科维茨的理论：投资失败 90% 的原因都是没有做资产配置，在资产组合中，风险该是整个投资

过程中的重心，而不是收益。

资产配置能分散投资风险，降低波动性，使投资组合的收益趋于稳定。而全球资产配置同时还具有税务筹划的功能。

近十年来，随着中国财富的增加、留学移民的增多，高净值人群全球资产配置逐渐流行起来。绝大部分国人的资产集中在人民币，风险也就相对集中。做全球资产配置，将资本分散在非人民币的资产中，就像把鸡蛋放在不同的篮子里，能抵抗风险，得到一个相对来说较高的投资回报，自然优于单一国家市场配置。

从 1990 年 12 月到 2018 年 8 月，中国上证指数的平均年化收益率是 12% 左右，看似收益率很高。但对比波动率，同期美国标普指数波动率仅为 14.03%，而上证指数波动率高达 55.67%。

目前，中国高净值人群家庭资产配置有四大特点：首先是房产占比大，达到家庭资产的 68%，在北京、上海等地产核心区，高达 85%，金融资产占比低；其次是储蓄占比较高，理财意识不强；再次保险意识整体不强，几乎没有商业保险配置；最后是排斥金融产品，缺乏专业性的认知。

随着高净值人士的家庭和事业开始国际化，特别是许多中国企业选择“走出去”，加之“一带一路”倡议的推动，越来越多的高净值投资者开始将目光转向海外市场，家庭资产配置的结构，家族事业版图和财富结构正在逐渐改变。

同时，中国高净值人群有出国、留学、移民等多种需求，进行全球资产配置也可以促进这些需求顺利得到满足。近几年，超高净值人群进行海外投资及海外业务发展的幅度加大。

进行全球资产配置有以下几种途径：

一、 境外置业

这是中国高净值人群海外投资的第一条路，因为国内房价一路上涨，为国人带来的财富效应深入人心，影响着国人的资产配置和投资理念。也有一群人在境外置业是希望借此获得移民身份，或为子女留学做准备。温哥华、旧金山、墨尔本等世界级大都市都留下了中国高净值人群的身影。不过，随着中国高净值人群的理财意识进入“资产配置”时代，海外置业的比重会有所调整。

二、参与境外市场

由于美国股市相对较成熟，开设美股账户，只要在成熟的投资机构帮助下，就可以通过美股获得收益。也可以参与中国香港市场，在全球资产配置中，香港金融业连通全球市场，而且经济制度发达完善，因此，香港市场非常重要。投资者可以开沪港通或深港通账户，以香港股市为依托投资全球。

三、购买境外保险

境外保险又叫境外年金，投保人每年都会收到以保额为基础分配的红利，也是一种投资配置的好产品。特别是在中国香港地区，保险有费率低、收益高和覆盖广三大优势，许多高净值人群都喜欢购买这类保险进行资产配置，分散风险。

在全球资产配置中，需要注意的是：

1. 依托于家族办公室进行资产配置

比如房产配置，很多高净值人群没有考虑管理费与持有成本（房产税）等就直接投资。其实境外市场也有泡沫风险，据瑞银发布的《2018 年全球房地产泡沫指数》显示：全球多地区房产有泡沫，中国香港位列第一，前四名中有加拿大占了两席的多伦多和温哥华，其他如德国的慕尼黑等城市，都有相应的泡沫风险。并且，不动产投资尽管稳健，但流动性差，套现周期长，对需要现金流的投资者可能会造成困扰。

依托于家族办公室的专业力量，可以进行合理的资产配置，在规避风险的同时，获得收益。

2. 了解境外国家地区的政策、法律法规、市场规律

比如，不少国家除了收房产税外，还有遗产税。因此，进行全球资产配置，必须要了解清楚，再通过家族办公室，选择适合自己的配置方式。

总之，我国已经是货币超级大国，利用全球资产配置，对冲人民币贬值带来的风险，对冲单一经济体的利率、政策等风险是最好的方案。

第四节　全权委托：以专业的人做专业的事，提高潜能

全权委托是一种资产管理模式。原指高净值人士将一笔资金（资产）委托给财富管理机构，财富管理机构根据客户的财富实现目标、资产规模、风险承受能力等制订个性化理财策略，进而帮助高净值人士实现资产保值增值的目标。

现在国内金融界有“把专业的事交给专业的人去做”的广告词，这本该是最有效率的做事方式，可惜这话对大部分高净值人群来说并没有吸引力。因为对他们来说，大部分金融理财机构都不值得信任。

但国外的调查数据显示，有超过一半的高净值客户会把资产以全权委托的形式交给私人银行或者家族办公室进行管理，而这

种管理模式，因为有大机构的资源和专业性为保障，通常收益率会比个人理财更好。

家族办公室有以下四点优势，使它更受高净值人群的喜爱：

一、利益一致性

所谓全权委托，就是无须逐笔交易都经由客户同意，但必须有事前的充分沟通。家族办公室与家族的利益具有一致性，在制定理财战略时，家族办公室会获得家族所有的财产情况，理财目标、投资需求、风险承受能力等，双方以理财战略为依托，进行充分有效的沟通，最后达成初步信任。

二、潜在的利益回报

全权委托服务的核心理念就是：信任与托付。除了利益一致性，家族办公室还有一个重要特点，具有集中各种资源的能力，这使家族办公室在投资理财板块具有潜在利益回报，它必须为实现理财战略做好各项准备，全面综合性的配置金融产品和工具，提高服务效率，获得更好的收益率，也就能提高高净值人群对家族办公室财富管理人的信任度。如此，家族办公室才会获得更好的发展。其中最主要的是以机构身份去做投资，享受机构投资的待遇。机构投资者在各大类资产中都占据主导地位，尤其是私募股权投资基金、股票投资等。

三、事务服务的集中化，解放高净值人士

很多私人银行也有全权委托业务。但家族办公室可以对更多

专业性服务进行整合，所以更受欢迎。

全权委托可以省掉高净值人士在投资不熟悉的领域时艰难决策的时间，有充裕的时间去实现个人目标。大多数高净值人士都是家族企业的经营者，管理企业工作，经营、各方人脉等，需要占据大量的时间，如果加上子女教育、二代接班，就更加日理万机，无法兼顾家族财富管理。而家族办公室是值得信任的机构，在信任的基础上全权委托，就可以省出很多时间，使高净值人士做最需要做的事情，以使家族商业潜能最大化、利益最大化。

四、 在新领域迅速做出决策

家族办公室一直致力于财富管理，不但需要多方资源，而且需要站在资讯的最前沿。相对比高净值人士个人，家族办公室可以在新领域迅速获得信息。而全权委托的形式可以使家族办公室在财富管理中迅速做出反应和决策。

无论采取何种工具、产品、服务，家族办公室的全权委托，都要以个性化、多样化为需求目标，专注打造尊贵、专享、长期、共赢的服务理念。

全权委托的投资服务模式，是家族办公室投资服务核心能力的重要体现。在未来，随着家族办公室的管理日趋成熟，对资产管理和财富传承的能力水平越来越高，高净值人群会越来越信任家族办公室，全权委托的投资服务模式也会得到快速的发展。

第五节　税务筹划：以合法为原则节税、减税、免税

巨额财富同时也意味着高额的赋税，比如张国荣的 3 亿港元资产，继承人要为部分资产缴纳 4000 多万港元的遗产税。站在

高净值人士的角度，当然希望缴纳的税赋越少越好，但这并不意味着要逃税。不管是对个人还是企业，逃税的成本可能会更大，全世界都在加强打击逃税漏税的力度。

为了打击逃税行为，实现全球税务透明化，很多国家和地区签署了双边税收协定（DTA）和税务信息交换协定（TIEA）。据国家税务总局的消息，到 2018 年年底，我国已与 110 个国家和地区签署了 DTA。

2013 年，二十国集团（G20）发表声明，将与促进经济合作与发展组织（OECD）建立自动情报交换系统（AEOI）。AEOI 实施后，成员国之间将自动交换纳税人在本国的所有信息。2014 年，OECD 制定了共同申报准则（CRS），G20 签署了 CRS，承诺 2016 年实施。2018 年 9 月，我国与全球 100 多个国家（地区）进行了金融账户信息自动交换（AEFAI）。随着全球的税务信息越来越透明，纳税信用体系日趋完善，逃税的成本也将越来越大，对大多数需要经营家族企业的高净值人群来说，需要绝对禁止。

但国内很多高净值人士却还处于税务盲区。很多人忙于进行海外资产配置，大量买入某国家地区的不动产、另类资产，还进行移民规划，结果发现，自己买在了“全球征税”的国家，导致资产大幅缩水。还有一些人在境外买下不动产，准备将来送给子女，结果发现，有些国家的遗产税高达 40%。

美国有一个家族已经传承到了第五代，家族企业一直发展良好，稳定创收。可惜的是，这个家族没有设置合理的家族管理模式，也没有对财富管理和传承的意识，到第五代时，已经没有人愿意参加企业管理创富，为数不多的几个家族成员都以股东的形式参与企业分红。其中第四代管理人一人持有企业一半股份，第五代接班人有三人，共同持有另一半股份。

由于第四代管理人生前用完了赠予免税的额度，他去世后，继承人必须要缴纳40%的遗产税，而第五代三个接班人，除了企业的另一半股份，没有任何资产收入。可是如果出售股份，就会因产生收益而缴纳高额的所得税，大约在30%～40%。而第五代人持有的股份还被三人拆分，如此折腾下来，财富最终到他们手里，已经微乎其微，家族的巨额财富至此凋零。

中国虽然暂时还没有遗产税，但由于遗产税一直在税制体系设计中，并曾有过征收遗产税的先例，加之还有个人所得税、企业所得税等其他税目，依然需要借助家族办公室，进行税务筹划，以合法性为原则，在税法规定的范围内，进行全局性的事前规划，通过投资、理财、经营或者其他方式，达到节税、减税、免税目的。

不管是投资过程，还是财富管理流程中，处处需要税务筹划，一般说来，有以下几种税务筹划方法：

一、 应用税收优惠政策

应以国家具体的税收优惠措施为基础，从减（免）税和退税两个方面制订优惠方案。

比如，普通的企业需要缴纳25%的企业所得税，但对于国家重点扶持的高新技术企业，就可以按照优惠政策的15%来缴纳。如果既是高新技术企业，又是软件生产企业，同时还是集成电路生产企业，就可以享受15%的优惠税率，或者享受25%的税率减半。此时，可以享受减（免）税的优惠政策。

又如，软件开发产品一开始按一定的税率征收增值税后，对其增值税实际税负超过3%的部分实行即征即退政策，这样就可以享受退税的优惠政策。

利用税收优惠政策，只要清楚企业满足哪些享受税收优惠政策的条件，就可以直接使用，但也可以创造条件进行税务筹划。比如，因为不同国家或者地区的税收政策差异很大，跨国企业便可以利用地点流动的方式来减少企业的税负，从而达到增加利润的目的。这就是一种人为创造条件来享受税收优惠政策的方法。

另外，也可以通过改变企业的生产活动、申请资质等条件，达到税法要求，享受税收优惠政策。

二、 通过分散税基进行税务筹划

分散税基的技术要点有累进税率、费用扣除、起征点或免征额以及增值税纳税人身份认定等。

尽可能让家族企业适用更低的税率。比如，个人独资企业需要缴纳的个税税率在5% ~35%之间，但如果符合核定征收模式（对不能计算纳税所得额的小企业，比如小型餐饮），个税就在0.5% ~3.5%之间了。

三、 利用税法弹性进行税务筹划

所谓税法弹性，就是税收不固定。比如按照中国税法规定，公司具有递延纳税功能，而个人没有。家族办公室在替高净值人群做税务筹划时，就可以考虑这一点。另外，在资产配置和管理中引入信托架构，具有隐蔽性，也可以达到税务筹划的目的。洛克菲勒家族就是以信托 + 税务筹划的方式来避开遗产税的。

四、 利用会计核算方法进行税务筹划

税收与会计紧密相关，采用不同的会计原则，就会出现不同

的财务结果，进而形成不同的税赋。当会计政策有多种可选，纳税人就可以选择对自己最有利、税后收益最大化的会计政策组合模式。

五、 利用临界点进行税务筹划

税法中临界点的规定有很多，突破临界点，税赋就会发生改变，有时候可能是巨大的改变。找到临界点，就可以用来控制税赋。

六、 要重视“税收居民身份” 的规划

税法意义上的居民并非依据国籍标准，比如，按照《个人所得税法》以及实施条例等的规定，在中国有住所，或者无住所而在境内居住满一年，就要按照中国的税法缴税，从中国境内或者境外取得的所得，均要依规全面履行个人所得税纳税义务。

因此，高净值人士，尤其是有海外业务和海外规划的人，可以根据各国国内税法确定“税收居民身份”的规则，以此做出税务规划。

当然，在实际的运作中，还有很多种方法，也可以借助其他产品或者服务，比如保险、信托等来完成税务筹划。

第六节　财务规划：家庭和企业同步进行，隔离风险

有研究发现，中国境内民营企业的寿命平均只有三年零七个月，短暂而仓促。这些创业者还没有磨炼成精英的管理和经营方式，管理多数属于粗放型。大多数人做企业的目的就是赚钱，为

实现企业利润最大化，而又没有银行借贷渠道时，就会使用民间借款，同时，还会把家庭资产全部投入到企业运营中，企图用大量的金钱铺垫出更好的企业成熟之路。但这样的财务规划，完全没有风险管理，一旦企业资金周转困难，可能就要陷入巨大的财富陷阱，让家庭和企业全都陷入窘境。

在企业经营管理的过程中，不光家族资产和企业混为一谈，家族和企业的人际关系也会重合交叉产生混乱。比如，父亲作为企业的领导者、所有者，对已经参与企业经营的儿子说话时，常常以父亲训话的方式，而不是企业领导者对员工该有的方式，这常常会使交流的主要问题被忽略，最后因家事、企业事混杂交叉而无法得出结论。

还有一项记录显示，中国民营企业家即使积累了巨大的财富，也没有实现资产多元化，将鸡蛋集中放在一个篮子里，增加了风险。

家族办公室在为企业做财务规划时，会和理财战略协同进行。理财战略是财务规划的指导方针，财务规划又决定了理财战略的内容。因此，在做财务规划之前，都要进行家庭财富管理愿景梳理，使家族的价值观和企业的愿景、家族财富管理的愿景相一致。同时还要确定财富所有权，家庭和企业分离，家族成员之间财富不能混为一谈。

在制定具体的财务规划时，还要注意以下几点：

一、 企业和家庭的财务规划要同时进行

建立企业的目的就是创富，而家庭理财则是为了保值。企业的利润不等于个人财富，因为企业需要继续投资，而个人的收入又不能只来源于企业，因为这样无法承担企业下行风险。将企业

和家庭的财务隔离，收入和支出都分开，就是将风险分散，避免企业风险拖垮家庭未来。

目前大多数企业家的现状是，家庭收入完全依赖企业收入，家庭支出和企业支出混淆，投资性资产少，没有资金配置方案。针对于此，可以最先设置企业日常流水金额和家庭紧急备用金。企业日常流水金额根据企业的运营状况进行设置，单列账户，专款专用。家庭紧急备用金，额度根据家庭六个月开支情况为准，同时考虑一些可能出现的大项支出，比如，出国留学等。

在这两项财务规划设置好之后，就可以进行企业盈余投资和家庭理财投资。企业盈余，当然就是企业日常流水金额余下的资金，可以考虑收益稳定、变现灵活的基金。而家庭资产一般包括流动性资产（现金、活期存款等）、固定性资产（车、房屋等），投资性资产（股票、债券、基金等）。在测定家庭的风险承受能力后，选择合适对应的投资理财方式进行投资。

对于高净值人士来说，需要合理配置好变现能力较强的对应资产品种。一般来说，短期投资目标主要匹配货币基金、到期时间近的国债和企业债券等变现能力较强的投资品种；中期目标主要匹配风险和收益比较适中的投资品种，如中期债券、大盘蓝筹股、平衡性基金、指数基金等；长期目标主要匹配指数基金、成长型基金等。

二、 企业生命周期和家庭生命周期

每个人都有生命周期，投资理财也会随着生命周期而呈现周期变化。在不谙世事的幼年和接受教育的时期，几乎没有赚钱能力，只有工作后才是创富生命周期的开始，而随着年龄增加，赚钱达到一个高峰后，便开始下降，因为人力资本在下降，在快速更新换代发展的时代，人力资本的下降会变得更快。因此，对个人来说，理财如果能够从生命之初开始最好。

婚姻、生育和教育在人的生命周期中占据着重要的作用，婚姻意味着两个人的协同，两种生活观、价值观只有达到一致，创富能力才能达到最高。生育会降低女人的人力资本，教育又是巨大的家庭支出。因此，家庭理财也有生命周期。

对高净值人群来说，企业是个人或者家庭生命周期的基础，是财富的主要来源，而企业的发展同样具有生命周期：初创、扩张、成熟、退出。改革开放后富起来的一代，享受了中国经济高速增长的红利期，特殊资源、廉价劳动力、加之国内爆发式的市场需求，使他们迅速积累了财富。但随着市场越来越规范，需求越来越细致，原来的机会已经不再有可能出现。因此，很大一部分人已经或将要退出企业。这就需要将财务规划与家庭的生命周期和企业的生命周期相结合（见图 7-2）。

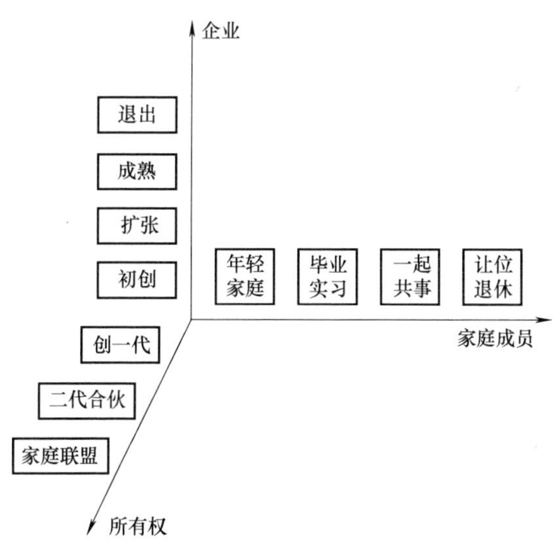

图 7-2　私营企业三维度的发展模式

首先要考虑个人和家庭的生命周期之初遇到企业的生命周期之初，这个时候，个人的特点或者家庭的整体特性，对企业的影响极为关键。此时财务规划必须要考虑创一代个人或者刚建立家庭的夫妻二人的财富目标、企业所有权等。

其次，生儿育女和子女教育，甚至孩子进入青春期时，又是一个生命周期，不管企业发展进入哪个阶段，这三个人的生命周期都会发生不同的作用。而企业的发展阶段，反过来又影响家庭，比如生儿育女后妻子是否全职回归家庭，子女教育采用何种模式。

最后，当企业进入退出阶段，财务必须要规划套现后的下一步投资方向，而当人的生命周期进入退休期，家庭的生命周期进入跨代传承，同样要有相应的财务规划。

三、 家庭支柱要有充足的保障

家庭支柱是家庭财富的主要创造者，是为家庭和孩子挡风遮雨的承担者，必须要有充足的保障。

某位企业创始人年薪 36 万元，独资企业利润达到 141 万元。他的夫人是全职家庭主妇，他是家庭收入的主要来源。而他只有一个养老保险和终身重疾险保险，前者保额为 10 万元，后者保额为 40 万元；他的夫人有一个定期重疾险，保额为 20 万元。每年，这位企业家的家庭保费支出共计 1.86 万元。

这个案例中的创始人是一家之主，是家庭的支柱，却没有得到充足的保障。他的重疾险保额可以增加到 60 万元，还可以配置定期寿险和意外险，根据他的资产情况，保额可以分别配置到 200 万元和 100 万元，保费在 4.5 万元左右。他的夫人的保障也不足，没有社保，可以补充重疾保障和意外险，额度配置为 50

万元。这样调整后，家庭总保费支出约在 7.9 万元，就可以有效保障家庭。

企业也需要设置保险保障。当然，财务规划是一个持续的过程，要随着企业和家庭的财富目标变化而变化。在家族办公室制定财务规划后，高净值人士个人和家庭应该严格按照财务规划来执行。

第七节　公益慈善：科学慈善，让财富更有创造力

马云曾经说过："当你有几十亿时，这个钱不是你自己的，这是社会对你的信任。"

正确的财富观是在财富积累到一定程度时，懂得散财。比如，美国 2018 年个人遗产免税额为 1120 万美元，夫妻二人共同遗产免税额是 2240 万美元。超出免税额，后代在继承时要缴纳高达 40% 的联邦遗产税。针对这条政策，美国高净值人群就通过设立慈善先行信托（CLT）的方法来避税。将家族资产注入慈善先行信托，完成慈善机构的指定年限支付后，剩余的资产就可以分配给委托人指定的非慈善受益人，此时，受益人无需支付遗产税。

在我国，政府为了鼓励超高净值人群积极承担社会责任从事公益和慈善，回报社会，会大幅度降低慈善税率。比如，政府原来出台一项政策：公众（包括个人和企业）捐款给公益机构，即享有 2.5 倍的税务扣除。这项政策本来到 2018 年年底结束，但现在延长至 2021 年年底。

除了享受税收优惠外，家族的公益慈善事业对后代也具有很好的教育作用。它展示的是一种价值观，让后代人认识到家族的资产并不会自然而然传递给他们，成为他们可以任意挥霍的物

质，后代必须要开创自己的事业，同时还要对自己的经济状况、创富能力有所规划，并按计划执行。

当慈善事业以基金会或者信托等形式进行科学管理时，家族的后代可以在这些组织里学习，完成经验积累。而且，随着家族持续发展，人口不断增加，小家庭逐渐从大家庭里分出、扩散，有一些不愿意或者没有能力参加家族企业管理创富的人，通过参与管理家族慈善事业，也可以来共同完成家族财富的管理和传承。

当然，对高净值人群来说，慈善展现更多的是他们更高的人生境界，是一种自我修养，更是自我价值的展现。能够持续为国家和社会创造利益的人，一定是最有能力的人，是能够对世界发挥更大影响力的人，因此，美国甚至创造出了“慈善资本主义”的概念。

所谓慈善资本主义，是世界上最有能力的一拨人，他们有资产，有资源，有能为社会解决问题的能力，也愿意在解决社会核心问题上进行投资。从个人修养方面来说，他们认为自己有责任为社会做贡献，而从个人能力方面来说，他们认为自己是问题解决者。

而在中国，汇信家族办公室等领先的金融机构更加倡导公益金融，在财富保值增值以及投资的过程中讲求社会责任投资（Socially Responsible Investment），以期在投资获利的同时于环境、社会及公司治理三方面发挥效用及降低风险，达到收益与社会价值的可持续性。进而让高净值人士在从事传统公益慈善以外，更多从社会发展，人类发展的角度进行“影响力投资”或者“公益创投”（Impact Investment），目的是以创造可测量的社会影响为主要目的，且具备财务增值潜力的投资。中国互联网产业的迅速崛起和发展，其中出现的共享经济模式，正在深刻改变公众的生活与消费模式，可持续发展不光是国家战略，也是高净值人群承担社会责任的重要方向。

洛克菲勒家族能有如今这样科学的、完善的慈善管理模式也经历了几个阶段：

1. 零散式捐赠

从第一代开始就进行了慈善捐赠，但那时候只是零散式捐助，当时完全凭借个人宗教信仰。随着资产规模扩大，他收到越来越多的求助，光是阅读求助信就需要花费大量的时间和精力，老洛克菲勒认识到，做慈善也需要像做事业一样，需要专人、专项、专事。

2. 选定专人管理

洛克菲勒家族首先选定了慈善事业经理人，浸礼会主教弗雷德里克·T. 盖茨，盖茨曾经对老洛克菲勒说过这样一句话："你拥有的这些巨额财富，如果得不到系统管理，和有效散财，它将会压垮你的子孙。"

盖茨不但品格高，而且极善于理财，目标清晰，行动快。他接手慈善事业后，不但迅速地理清了头绪，将资金用在最需要的地方，创造最大的社会效益，同时还清除了一些有问题的求助机构。

3. 建立家族办公室

在账目查询过程中，盖茨还发现了洛克菲勒家族中其他方面存在的财务问题。老洛克菲勒非常信任他，委以重任，建立起家族办公室，将金融专家、法律专家和财务专家集合起来，共同管理和保护家族的财富和商业利益。这些专业人才进行家族资产配置，把资产分为延续家族财富命脉的洛克菲勒家族基金、为公益慈善做贡献的洛克菲勒大学、洛克菲勒捐赠基金几个部分，同时管理投资和捐赠。

4. 专项慈善基金

到小洛克菲勒加入管理团队时，由于小洛克菲勒受到过攻击，他对慈善事业更加热衷，他和盖茨督促老洛克菲勒建立专项慈善基金会，实现科学化管理慈善。

利用专门的慈善基金会，不但求助信分门别类得到了快速整理和迅速解决，同时，还使赠予变得更加有效，洛克菲勒家族的赠予更多的是“授人以渔”，而不是“授人以鱼”，比如洛克菲勒大学，洛克菲勒医学研究所。

5. 走向世界

洛克菲勒慈善顾问机构诞生后，使得家族慈善事业进一步扩大，机构面向世界慈善咨询，将多年的经验传递给后来有志于做慈善的全球高净值人士。

洛克菲勒家族曾经宣讲过几种最科学的慈善规划方法。比如，将资产以整体大块的方式捐赠，规模化集中解决某一类社会问题。但因为资产分散化，而范围扩大化，不能解决大问题，只会缓解小矛盾。因此钱要用在关键点上，如致力于寻找疾病的致病因素。

慈善事业成了洛克菲勒家族的一种价值文化，家族很多人都从事慈善事业，尤其是第四代掌门人佩姬，更是将慈善当成了终生事业。

以洛克菲勒家族的经验，将财富投入到慈善捐赠事业，并没有完全散财，相反，很多财富以另外的方式返还家族。比如，捐赠给大学的基金，在经历良性资本升值后，最后还会流回到家族控制的金融机构中。

整体上来看，洛克菲勒家族的公益慈善事业科学化、专业化、机构化，在慈善捐助的过程中，家族名誉和地位得到稳定提升，同时还完成了资产的保值和增值，这种慈善规划已经成为行业典范，也为中国的高净值人士提供了方向和方法。

当然，并不是所有的高净值人士都适合如此大规模的慈善捐赠。马云曾经说过：在企业创业的过程中，留存资本使企业得到发展，并寻求盈利，是最主要的事情，把企业经营好就是真正的公益，其后才能投身更广泛的公益和慈善事业。

但不管怎样，公益慈善事业对高净值人士承担相应的社会责任，尤其是企业具有一定规模、在社会中具有一定影响力的高净值人士，具有十分重要的意义。

第八章
合规合法：借助工具提前谋划财富传承

大多数高净值人士都知道生前赠予、法定继承和遗嘱继承这几种财富传承的方法，但真正进行详细规划的人则很少。其实即使是合法合规的遗嘱继承，也有很多弊端，可能会造成传承过程中的纠纷和财富缩水，如果能结合保险、基金会、信托等多种方式，巧妙设计传承模型，那么财富传承不但可以保值，还能得到稳定的利益增长。

第一节　遗嘱继承：用法律来规避纠纷，传承财富

在财务传承的过程中，人们最常用的就是遗嘱继承，虽然知道遗嘱的重要性，但依然有很多高净值人士对立遗嘱态度很草率。有的人感觉很不吉利，不愿意太早立遗嘱，有的人觉得家庭结构单一，不会有财产纠纷，选择不立遗嘱。还有的，更依赖自己的财富管理规划，而选择不立遗嘱。

台湾经营之神王永庆不但创办了台塑集团，还创办了9个行业的龙头企业，在海外也经营着多家大公司。因为历史原因，他娶了四房太太，膝下子女繁多。王永庆并非没有传承计划，按照他的规划，家族企业股权都由信托所有，股权集中，利于家族企业的传承。同时，他还希望子女都签署放弃遗产的协议。但从他去世后不久就上演的家族纷争来看，他的这种安排并没有完成，而且这种规划存在着很多问题。

他的二房长子王文洋，因为大房没有任何子女，被大房领养。按照民法规定，在没有遗嘱的情况下，大房有权要求分割一半的家产，然后才是其他各方子女分配另一半财产。

他曾几次上诉要求公布王永庆遗产，认为王永庆在美国的信托基金财产应该恢复为遗产，在港的资产也应纳入遗产中。在他的诉讼过程中，王永庆的海外资产被一一曝光，使王永庆的节税计划彻底失败。同时，他的四房子女（非婚生）也要求认祖归宗继承遗产。

争产风波闹得沸沸扬扬，多年未果，子女之间的矛盾日益加深，家族的财富也一点点被曝光。2017 年年底，台湾税务部门查收了王家遗产税 119 亿元新台币，这是台湾历史上最高的遗产税。2018 年，又收了 28 亿元新台币的赠予税。

遗嘱的根本作用在于反映财富所有权人的真实意志，在财富所有人没有订立遗嘱时，继承人只能采用法定继承。法定继承的继承顺序如图 8-1 所示。

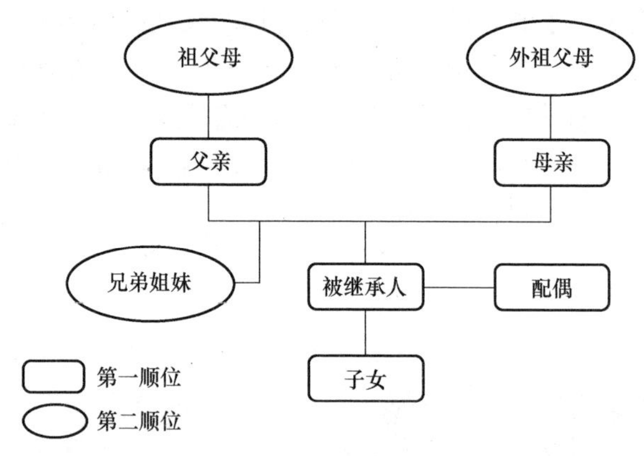

图 8-1　遗嘱继承顺位图

法定继承具有资产范围的不确定性。有些富人因为多次离婚，和儿女（法定第一顺位继承人）没有生活在一起，当他突然病故，儿女甚至不知道他都有哪些财产，糊涂账最容易产生纠纷。尤其是现在资产类型多种多样，不光有不动产、企业股权、金融资产、古玩字画等艺术品，还有网上资产，比如支付宝、财付通等账户资产，更增加了资产类别和范围的不确定性，给接班人带来纠纷和麻烦。

法定继承的各种证明过程繁杂，要证明亲子关系，还要证明同位继承人都已逝世，或者无法继承等，以确保继承人资格，费心费力。对于复杂家庭来说，如果有再婚、非婚生子女或者养子女等，这种证明就更加繁多。

证明后还需要申请公证，凭借继承权公证书申请才能继承遗产。比如，公证机关出具了《存款查询函》，金融机构才会协助查询被继承人名下的各种资产账目。即使查明了资产，也还不能马上继承，还需要出具一份继承权公证，才能开始继承。当然，如果资产是房产，那么则可以省略查账目这一项。也就是说，在法定继承中，不同的资产类别需要进行不同方式的继承。而遗嘱则没有这么多麻烦。

那么，只要生前使用遗嘱对身后事做出安排，就不会有任何问题了吗？并没有那么简单，如果不懂相关法律，即使有遗嘱，依然可能会出现很多问题。比如，遗嘱的有效性。

某著名作家A由于生前没有留下正式遗嘱，去世后遗产分配时产生了多方纠纷，其中有他的儿子B和他所在的大学C关于财产是否属于遗赠的纠纷。

A在世时和儿子的关系曾经有过隔膜，父子长达十三年不见面，直到去世前一年，他才和儿子和好。临终前，他给儿子留了一张“委托我的儿子全权处理有关我的一切事物”的字条，他的儿子认为这就是遗嘱，具有遗嘱的法律效力。

但就在B诉讼C时，A的外孙D，又将B告上法庭。A有一儿一女，在没有遗嘱的情况下，女儿也是第一顺位继承人，只是她早已病逝，她的儿子D是A的晚辈直系血亲，有资格和B平分财产。

如果A留下的字条具有遗嘱效力，那么意味着D作为A的女儿的儿子，只能代替妈妈继承A妻子的那部分财产，而A的妻子早早去世，并没有进行财产分割，按照法定继承，应该由A、B和A的女儿共同继承。这样，D就只能继承1/6的财产。

但D认为，B出具的那一张字条，只是委托书，而不具有遗嘱的法律效力。随着委托人的死亡，委托书也就不复存在，因此，他有资格和舅舅平分财产。

由于这张字条法律效力低，造成了又一场旷日持久的争端。

遗嘱有严格的形式和内容要件，任何一项不满足，法律效力都会降低。在遗嘱继承流程中，继承前必须要检验遗嘱是否有效（见图 8-2）。

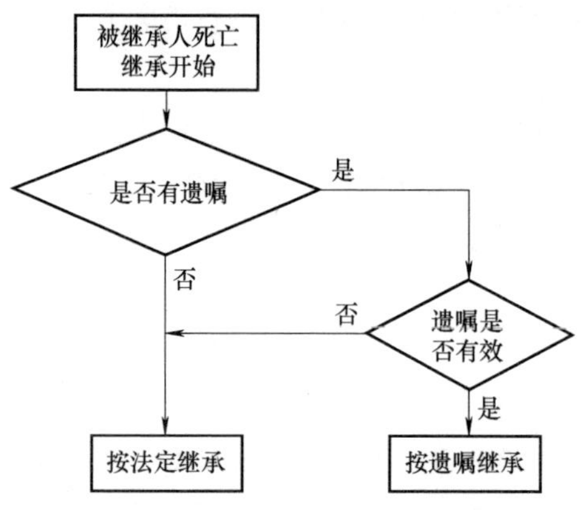

图 8-2　遗嘱继承流程图

不懂法律的人不知道怎样才能设立有效的遗嘱。对高净值人群来说，资产类型多、范围广，甚至包含境外资产，亲属关系可能也比较复杂，在资产再分配之前，还要进行资产梳理，熟悉国内外相关法律，因此，更需要专业人才来帮助订立遗嘱。

家族办公室在帮助高净值人士订立遗嘱时，还会考虑到家族愿景和理财目标等，以资产保值增值为目标，对遗产继承提出更合理的建议，让每个家族后代都能享受到创始先辈的福利，同时还能保证继承的方式更能有创富的效能。

遗嘱虽然是财富传承的必要工具，但还有以下几点缺陷：

一、遗嘱不能隔离遗嘱人的债务风险

法律规定，若遗嘱人生前有债务需要偿还，遗嘱人的所有财产必须要先偿还债务，若有余额，才能进行再分配。当然，不足以偿还债务的，接班人无须偿还不足的部分。

二、 资产运用效率低，没有私密性

遗嘱继承过户前，必须要办理继承权公证，即便是经过公证的遗嘱也同样如此。按照中国境内的继承程序规定，即使高净值人士生前设立了严谨的公证遗嘱，在遗嘱继承时也要经历继承权公证这一关。公证机关要确保所有接班人都认同遗产分配方案，才会出具公证。这就意味着两个问题，一是所有法定继承人和遗嘱继承人均要对该遗嘱分配方案表示同意，任何一位有异议，哪怕是没有亲自到公证处，遗产就不能进行再分配，资产被冻结，运用效率低。二是所有财产都会曝光在所有的接班人面前，任何一个人对遗产继承方案有异议，都可能会产生诉讼。另外，公证机关还会收取高额的公证费。遗嘱的缺陷就是缺少执行功能。而执行功能更好的是生前赠予。生前赠予是法定继承、遗嘱继承的补充，程序简单，成本较低，也具有财富传承的功能。在有遗产税的国家，高净值人士常常使用生前赠予规避遗产税，不同的国家有不同的赠予额度。

但生前赠予同样存在问题。赠予发生后，赠予人就失去了财产的所有权和控制权，而一旦受赠人没有财富管理和传承的能力就会导致财富缩水。比如，如果将财产赠予女儿，女儿结婚后，资产可能就是夫妻共同资产，就会因婚姻的不确定性而产生相关的风险。同时赠予难以防范子女挥霍无度，增加了财产流向的不确定性。

这样，反不如遗嘱继承功能性更强。遗嘱可以覆盖所有的资产类型，还可以包含其他传承工具，比如保险，因此，遗嘱必不可少。

第二节　大额人寿保险：用最小的费用获得最大的收益

保险类产品，是财富管理中实现保值和风险分散的最好工具。在资产配置中，保单是标配，而在财富传承规划中，保单的法律性、制度性、结构性方案也使保险类产品的标配性质十分显著。很多高净值人士都会购买各种保险产品，有的甚至“挥金如土”，倾向于额度较大的保单，比如大额人寿保险。

购买大额人寿保险，有以下几种益处：

一、 资产隔离与保护

根据《保险法》规定：投保人身故后，如果投保人指定了受益人，那么人寿保险金不归入遗产类，无须清偿被保险人生前所欠的税款和债务，可以直接归受益人所有。即保险有隔离和保护资产的能力，具有避债功能。

对于高净值人士来说，特别是家庭财务和企业财务不分的，使用保险，将资产变成多份大额人寿保险保单，就可以为家庭资产建立起一道防火墙。在企业经营遭遇经营人死亡等意外时，家庭财务也不会遭受到重大的损失。

这就是保险的特殊作用，是任何其他理财产品所不可替代的功能。但如果没有指定受益人，那保险就必须当作遗产，先偿还债务和税款。

二、 合法避税功能

根据《中华人民共和国个人所得税法》第四条规定，保险赔款免征个人所得税。美国的高净值人士大多会将投资资金用来购买保险，因为作为美国公民，或者美国税务居民，每一笔投资收入都要缴纳所得税，无论收入来自哪里。这笔所得税随着投资收入的增加可以大得十分夸张，而购买保险，就可以暂时不用缴纳个人所得税。

同时，保险还有规避遗产税的功能。

张国荣去世后，留下了3亿港元资产，但按照当时香港税法规定，需要缴纳15%的遗产税，即遗产继承人需要缴纳4000多万港元才能继承，在缴税之前，遗产不得分割、交付遗赠，如果不能缴税，遗产就会被拍卖。

好在张国荣生前保险意识特别强，他先后购买了数张大额人寿保险单，加起来正好可以抵缴遗产税，从而避免了其遗产被低价拍卖产生的损失。

需要注意的是，如果被保险人是超高龄，或者重病者，在短期内趸交、投保金额占其总资产比例过大，都可能被视为规避遗产税的行为，法律会判定需补缴遗产税。除此而外，以投资为目的的保险，是需要缴纳遗产税的。

有些国家的大额人寿保险不具有避税功能。比如美国，如果被保险人一直到死亡时还持有保险，此时就没有避税功能。但如果保险的持有人是信托，那就有避税功能。即大额人寿保险必须要和人寿保险信托相依相存。

如果投保人是中国公民，受益人是美国国籍的子女，在国内投保，那保险同样具有避税功能。因为投保人是中国公民，非美国税务居民，中国没有遗产税，而美国子女的保险金，是从中国给付的，所以不需要缴纳遗产税。

三、 现金分配，利于分割

保单身故受益金采取现金分配的方法，与不动产的继承形成鲜明对比，不会因被某一方占用而陷入有判决无执行的困境。而且，财产分割非常简单，可以约定受益人顺序、受益金金额以及分配比例等，程序明确且灵活。

四、 杠杆功能，放大财富

人寿保险还具有通过杠杆放大财富的作用，投保人以保险费的形式将资产交给保险公司，在他身故后，保险公司会以保险费为基数，加杠杆放大，以保险金额的形式，将投保人的资产交给受益人，如图 8-3 所示。

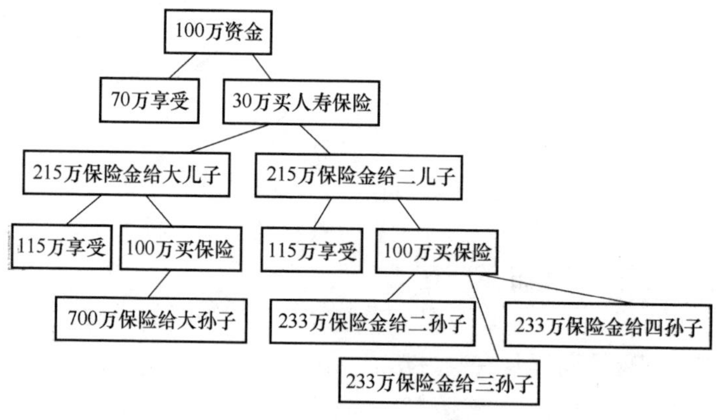

图 8-3　保险的杠杆功能

人寿保险的保险金额一定会大于保险费，可以显著放大传承的财富。与上图形成对比的是，如果一个人直接将财富传递给两个儿子每人只能获得50万元的资产，如果两个儿子也以直接传承的方式传递给孙辈，那么大孙子能获得50万元，而二儿子家的三个孙子只能获得大约16.6666万元的资产。这还得在不消费、不考虑通胀等情况下，家族财富会因为分家而严重缩水，由此可见保险以小博大的功能。

除了上面保险意义上的以小博大，人寿保险还有金融意义上的杠杆功能，即和贷款买房相似的博弈方法，就是贷款买保险，这种方法不需要把大量的资金都封存进保费中，只需要像买房一样支付一定的首付，即可享受同样大额的寿险保单，贷款的本金可以通过投保人身故后、保险赔付时从保险金中扣除，而保单每年都会产生利息分红，贷款的利息就从这里扣除，保单的利息一般还会高于贷款利息，这又会增加一项利息收入，使财富更大化。对高净值人群来说，这种保险方法可以加强保险资金的流动性。

当然，这种大额人寿保险在投保时，需要得到银行和保险公司双方检验投保人的资产状况，确保不是低收入者或者是出现经营危机的高净值人士等不良情况，方能购买。

这种方法属于保费融资，还有一种方法，是保单融资。即将大额寿险保单以质押的形式给银行获得流动资金。因为保险有这种功能，高净值人士可以在资金富余而又没有投资机会的时候多买大额保险，等到资本市场回暖，有更好的机会进行投资时，再变现进行资本博弈。

五、 私密性较好

保险不像遗嘱在执行环节需要所有接班人都到场，然后进行继承权公证，保险合同的签订，仅需要投保人、被保险人和保险人参与，保险不需要将内容公布给与合同无关的其他继承人。大额人寿保单只需要指定受益人，就可以以保险赔偿金的方式，直接传承给受益人，不需要其他任何人的认可或同意。具有较强的私密性，避开了不必要的家庭矛盾。

六、 可以规划子女婚姻财产

子女结婚时，当财产以生前赠予的形式送给子女，这些财产在子女婚后会发生混同，一旦婚姻破裂，这些财产在法律上会被认定为共同财产而被分割。但用保险架构的设计，保单具有极强的个人财产属性，所以子女婚后不会产生财产混同，离婚也不会被分割财产。

七、 类信托的法律功能

保险保单可以调整投保人和受益人，在现实中，投保人、被保险人会产生不同的需求，比如，教育、婚姻、养老等各种需求，保单可以根据客观情况的变化和投保人、被保险人的意愿进行变更，从而达到类信托的法律功能。

总之，大额终身寿险，是一种以小费用获得大收益的传承工具。

第三节 家族基金会：发挥多元功能，完成财富传承

家族基金会，顾名思义是由高净值个人、家庭或者家族企业出资的一种慈善组织，独立于任何企业（家族企业）之外，自行设立董事会和治理团队。中国目前的家族基金会非常少，第一

家家族基金会是蒙牛创始人牛根生在2004年设立的老牛基金会。

家族基金会具有几大特征：

一、 财产的独立性

家族基金会捐赠人通常为有一定血缘、婚姻或者同一姓氏关系，没有内部交易和利益输送，不存在相关方价值观影响。有些家族基金会可能会持有家族企业股份，但这种持有完成了所有权与经营权的分离。同时，家族基金会成立的宗旨就是面向社会服务，没有市场利益诉求。它是独立的法人，没有股东，独立拥有财产，并且能独立运营，独立承担责任。

二、 有家族财富传承的功能

家族基金会也可以保护家族财富，进行财富传承。当发起人将资金注入家族基金会后，财产的所有权就归基金会所有，因此，在一定程度上避免债权人的追索，而且，基金会名下的财产可以规避遗产税。

一般而言，基金会是非营利组织。而且，法律对基金会每年用来做公益的资金有最低额度的强制要求。但个别国家或地区（离岸地）允许设立私益基金会，即允许基金会向特定人分配财产，不强制要求私人基金会的公益属性。比如列支敦士登就允许设立私益基金会。

宜家创始人英格瓦·坎普拉德（Ingvar Kamprad）就在列支敦士登设置了家族基金会，基金会设立之初，就约定家族后代为受益人，基金会负责一家人的生活所需。同时，由于基金会的主要目的就是慈善，而慈善的属性不但为英格瓦赢得了声誉，还可以降低税率。行业通用的税率是18%，但英格瓦设立的家族基金会只有3.5%，每年节省的税赋就高达十亿美元。

能够设立私益基金会的国家和地区除了列支敦士登，还有奥地利、巴哈马、巴拿马、泽西岛等。在巴拿马，基金会的受益人可以是发起人或发起人指定的任何人，而且基金会章程不会记载受益人，具有较好的私密性。但我国目前的《慈善法》，就对受益人有着明确地规定，不允许"捐赠人的利害关系人作为受益人"。因此，很多家族选择离岸地设立基金会，以保障家族成员的生活。但随着金融账户涉税信息交换的开始，设立这样的离岸基金也就失去了意义。

其实最重要的，是家族基金会可以传递家族文化、愿景和价值观，维护家族的品牌和荣誉地位，大多数高净值人群会在后代成长的过程中，将其放进基金会进行历练，一方面学到管理的经验，另一方面又可以继承先辈的光荣与梦想，树立财富守护者的责任感和使命感。

三、 发起人有权设计基金会章程

典型的家族基金会的架构如图8-4所示。

根据架构图，家族基金会三层参与人：发起人、基金会和基金会治理机构。发起人就是捐资者、创立者。而基金会在登记后就取得了法人资格。对于基金会治理机构，不同国家法律不同，通常分为执行和决策两个部分。理事会或秘书处是执行机构，监事会是在理事会之上的决策机构，但有的国家只有理事会。

基金会拥有法人资格，可以独立运行。但发起人可以通过基金会章程的设计来完成财富传承。比如，设定可撤销基金章程的

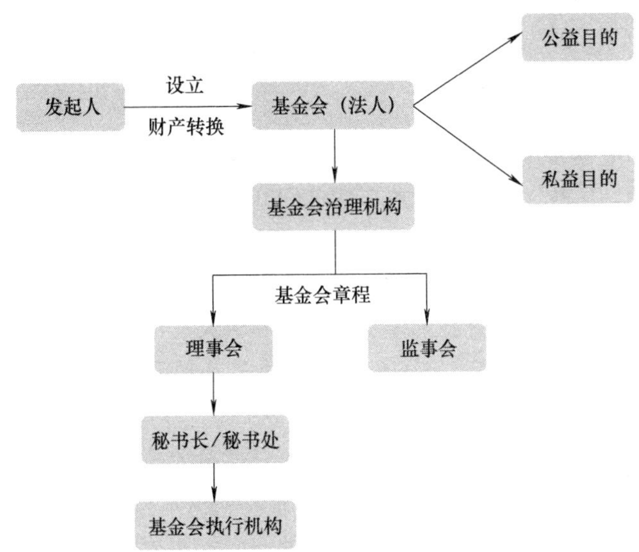

图 8-4　家族基金会架构图

保留权，就享有修改基金会章程的权力，同时享有任命、添加、更换理事会成员的权力。通过对基金会的控制，家族可以实现对财富的管理。在列支敦士登，基金会的发起人甚至可以直接参与管理，也可以委派代表参与管理或控制。

Stichting INGKA Foundation 基金会是宜家创始人英格瓦设立的基金会，它间接持有宜家股权。基金会在章程设计中，有一个五人执行委员会，英格瓦在其中担任执行委员会的主席。

再如，可以在基金会章程中规定受益人的权利。基金会的受益人不是基金的债权人，不能直接向基金会主张权利，但如果基金会章程中有规定除外。

如果发起人不直接管控基金会，也可以设立保护人进行监督管理。基金会的保护人可以行使基金会章程和规则授予的一切权利，并监督管理人的管理，进一步保护财产的安全性。

四、 控股公司

家族基金会的发起人可以将家族企业的股份和财产注入家族基金会。这样，基金会就成了家族财富的最终拥有者，从而掌控整个家族财富。

香港邵氏兄弟公司通过 Shaw Holdings Inc. 控股平台收购了公众手中的股份，将公司私有化。即邵逸夫慈善信托基金全资拥有 Shaw Holdings Inc.，100%持有邵氏兄弟的股权，是邵氏家族财产的最终控制者。

家族基金会不但具有财产保护、财富管理与传承等功能，还可以进行家族治理、慈善以及家族税务筹划等，把握好家族基金会这种工具的特质，发挥好家族基金会的多元功能，将会在财富传承中发挥重要作用。

第四节　家族信托：最长情的保护，最有效的增值

家族信托是欧美国家常见的财富管理和传承工具，起源于私人信托，在几百年的发展中，已经形成一套成熟的财富保值增值的管理模式。

所谓家族信托，就是高净值人群将资产委托给或转让给受托人，受托人按照委托人的意愿管理、处置财产，并按照约定将收益分配给委托人指定的受益人。与家族基金会相比，它更注重委托人的意愿，而且可以有约定的受益人。实际在运用中，很多家族都是以家族基金会和信托相结合的方式来完成财富保值和增值。比如，家族基金会也可以担任慈善信托受托人，接受高净值人士的委托，通过信托合同来履行委托要求。

关于家族信托的基本结构，如图 8-5 所示。

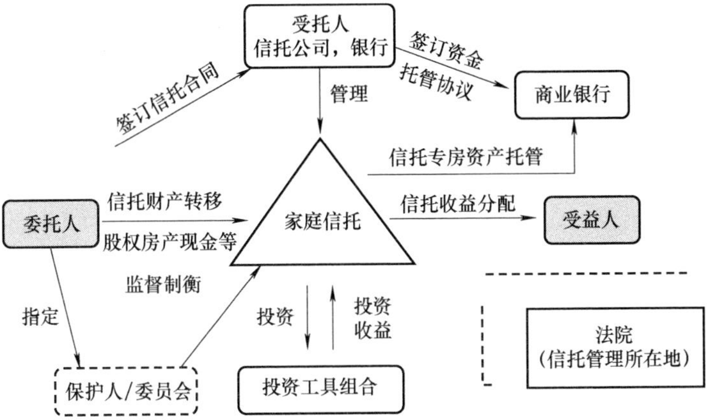

受托人
信托公司，银行
签订资金托管协议
商业银行
签订信托合同
管理
信托专房资产托管
委托人
信托财产转移
股权房产现金等
家庭信托
信托收益分配
受益人
监督制衡
指定
投资
投资收益
法院
（信托管理所在地）
保护人/委员会
投资工具组合

图 8-5　家族信托基本结构图

家族信托分为三个部分：委托人、受托人和受益人。委托人一般为高净值家族的核心成员，受托人在我国为注册的信托机构，受益人一般为委托人的家人。

家族信托为单一信托，即委托人是单独个体，因此，可以指定用途，让受托人以确定的方式对资金进行管理和运用。所有资产类型，包括现金、金融产品、不动产、股权等，都可以装入信托，只要是委托人合法拥有的财产即可。不过，资金类信托财产要在银行开立信托专户。信托的投资范围广，货币市场、资本市场和实业投资都可以，但委托人一般会在信托文件中约定。

家族信托的功能和优势有如下几种：

一、 灵活约定各项条款

高净值人士可以在委托中灵活约定各项条款，除了约定资金的具体用途外，还可以就信托期限、受益份额以及分配条件、分配频次等进行约定。关于受益人获取收益的条件也有具体约定，如在学业规划、结婚、年龄阶段规定（小洛克菲勒最初为儿女设立信托时，就是在30岁之前不能动用信托本金；IBM掌门人沃森为孙辈设立的信托基金，允许支配基金中各自的份额的年龄是35岁），以及生活变故如离婚、面临法律诉讼等都可以事前约定。以此来保障继承人的理性选择，避免继承人好逸恶劳。

二、 财产隔离保护

委托人一旦将资产转移到信托公司，所有权就发生了变化。财产以家族信托的名义存在，债权人无权处置信托财产。当然，如果设立信托者为恶意逃避债务除外。

受托人管理资产，但并不是资产的所有者，也不享受利益分配。受益人可以享用信托财产的收益，但信托财产也不属于受益人的固有财产。正是由于家族信托具有破产隔离保护机制，高净值人士是可以通过信托框架，将家族资产从个人资产中隔离出来，抵御未知的风险侵袭，长久地为家族成员创造收益。而且一旦企业有风险，家族信托也能确保高净值人士有足够的资本东山再起。

三、 财富传承灵活简单

家族信托的传承方式非常灵活，可以同时向多个受益人进行财产分配，也可以以多种方式进行分配，比如定期分配、事件分配、有条件分配等。而且传承手续简单，不会因为委托人去世需要继承遗产而走那些繁杂的法律程序。

家族信托方面的很多法律条款都是参照信托文件执行的，而信托文件的条款一般由委托人和受托人协商制定，这也使这种传承方式更具有灵活性，只要合法合规就可以执行。

比如，对受益人的安排，范围可以不拘泥于直系子女，自然人或者机构都可以，就是未出生的子女也可以成为受益人。

又如，信托计划的本金以及收益分配也可以灵活制定。当子女为受益人，为鼓励他们更积极更努力地生活，就可以制定考取好学校时的奖励金，有不良嗜好甚至违法犯罪时剥夺其收益权等。

四、 对婚姻财产规划功能

婚姻关系是最重要的家庭关系，通常也是财富增值或者缩水的重要原因，比如，婚前财产的混同、婚内财产的转移，可能给个人财富带来影响，而股权被分割导致管理者失去企业控制权则可能给企业带来致命的打击。但信托设立后，即使离婚，信托财产也不能被分割，同时如果信托结构设计合理，将企业股权转入信托，即使离婚，家族成员的变化也并不会使企业治理结构发生变化，从而保证了企业的安全发展。

默多克是新闻集团总裁，是享誉世界的传媒大亨，《纽约邮报》《华尔街日报》如今都是他旗下产业，不仅如此，他还投资影视业，《阿凡达》《泰坦尼克号》等世界经典影片都是他投资的，资产雄厚。但他经历过两次离婚，被分走了很多财产，同第三任妻子邓文迪结婚时，就选择了很多方式来做资产隔离，其中信托就是最主要的隔离工具。因此，当默多克第三次离婚后，个人和企业财富没有受到什么影响。

五、 避免后代挥霍

委托人在设立信托时，通常会在信托文件中约定向受益人进行收益分配的时间和额度，这样就给了受益人生活保障，还避免了因受益人涉世未深受骗，或者因没有管理能力资产而挥霍一空。

香港著名艺人沈殿霞身前为女儿设立了信托，将自己名下的银行账户资产、投资资产和一些珠宝首饰，以及市值7000万港元的花园公寓，都以信托基金方式运作。因为当时郑欣宜只有20岁，沈殿霞既担心她被人欺骗，又担心她不能管理好资产，因此约定郑欣宜面对任何资产运用的事宜，最后都要由信托机构（受托人）来负责审批，并在审批后协助进行。同时，为了保障安全，还设立了监督人（保护人），即郑欣宜的生父郑少秋，以及陈淑芬、沈殿霞的大姐和好友张彻太太。

这样的信托设计，不仅有效地保障了资金的安全，也保证了女儿的健康成长，还为女儿未来发展准备了必要的资金。

六、 保护财产隐私功能

家族信托拥有完善的保密机制，可以保护高净值人士的隐私。《信托法》第三十三条规定："受托人对委托人、受益人以及处理信托事务的情况和资料负有依法保密的义务。"即三方之外的任何一个人都无从知晓信托内容。

继承私密进行，有效保护了高净值人士的隐私。

另外，资金是以信托计划的名义在资本市场上运作的，不会出现客户的信息，可以保护投资的私密性。即使委托人面临高额债务风险，债权人查询到资金流入信托公司，也没有权利申请强制冻结信托财产。

七、 财富保值增值

家族信托的受托人信托公司，是专业的资产管理机构，有规模庞大且经验丰富的资产管理团队，最善于做资产的保值增值。同时，作为机构投资者，信托公司资源丰富，有更强的获取产品额度的能力，也有更强的议价能力，投资领域广阔，可以有效保障资产增值。而家族信托在配置理财产品时有优先选择权，也大大提高投资的便利性。

信托公司还会根据高净值人士特定的理财需求目标和风险承受能力，进行个性化设计，配置资产，设置合理高效的投资组合。有些信托公司和家族办公室的性质差不多，实行完整全面的资产管理模式，事前进行理财战略筹划，合理科学地制定切实可行的投资方案，并实现持续的动态管理，保护委托人的财产与收益获得最大程度的增值。

八、 公益慈善功能

家族信托也可以在公益和慈善事业方面做出贡献。比如，设立慈善信托或者直接设立具有慈善性质的家族基金会，更有指向性地做慈善，引领家族健康发展。实际上，慈善信托是家族基金会的一项重要财务管理工具，而家族信托更多地进行资产配置和投资管理。但也有些家族基金会会涉足资产管理。

其实，家族基金会、家族信托，都可以在家族办公室的统一管理下运作。随着家族办公室在我国的逐步成熟，高净值人士可能会更愿意设立家族办公室，协同使用家族信托和家族基金会的方式来管理财富。

第五节　保险+信托：实现财富多层次的精准传承

不可撤销人寿保险信托是如今美国高净值人士常用的资产传承的方式。寿险产品具有一定的遗产分配功能，自由灵活，可以指定多个受益人，并按照委托人的个性需求指定收益额度和收益时间。但如果被保险人不具备自行处理保险金的能力，比如，受益人为婴儿，此时保险就显得有局限。但加入信托后，财产传承就有了一重保障，使受益人的权益避免侵害，同时还能避免继承人之间出现财产纷争以及过度挥霍等情况。

保险信托是家族信托的一种，它融合了保险和信托两种财富传承的工具。具体说来，保险信托以保险金或人寿保单作为收益权；委托人是投保人，受托人是信托机构；保险公司和信托公司之间签订了合作协议，以保证保险金信托业务的顺利开展；投保人在和保险公司签订合同后，再和信托公司签订信托合同；约定当保险公司未来将保险赔款或满期保险金直接打进信托账户，变为信托财产，由受托人直接管理和运作、并按约定实行收益分配，或在信托终止时将信托资产及运作收益交付给受益人（见图8-6）。

需要注意的是，委托人设立了保险金信托，受益人就必须为信托机构，信托合同的受益人则是委托人，即投保人指定的亲属或者其他关系人。保险信托在受益人范围和受益条件上相较保险都更为灵活。

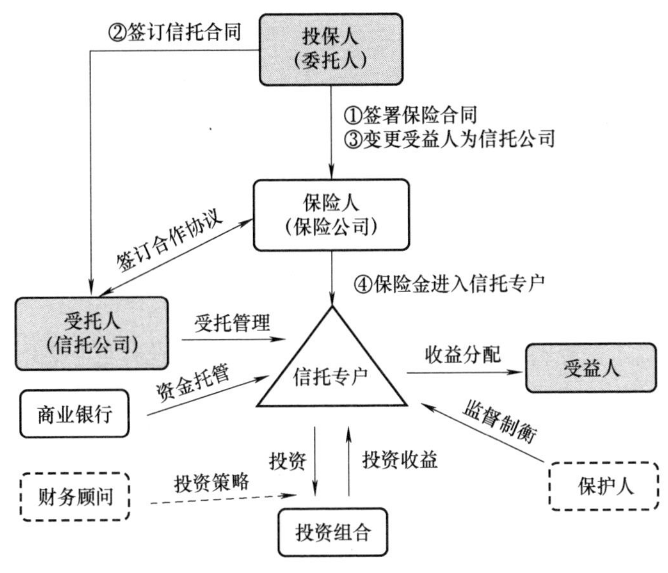

图 8-6　保险信托业务模式图

保险信托属于财产权信托，在法律性质上，信托对象是保单的受益权，具有一定的时效性和不确定性，只有当保险金承包的保险责任发生时，保险公司才向信托机构支付保险金，保险金请求权此时才会转化为确定的财产权，信托对象才会是真正的财产。

大额寿险是保险金信托的架构基础，结合大额寿险的杠杆保障和保险金给付后信托公司的投资理财收益，保险信托实现的是 1 +1 >2 的理财效果，因此是高净值人士财富保护和传承的有力工具。它具有如下几大优势：

一、 利益锁定

保险金作为基础，保障了财富在确定的时间内或者事件后进行收益，能给确定的人一笔固定金额的钱，保险合同就是最确定的保险利益，通过投保人指定，确定了保险受益人。如果签订的是终生寿险，保险金额是确定的。如果签订的是终生年金保险，就确定了与生命等长的现金流。这些确定性，其他金融工具无法完成。

确定的受益人和确定的收益方案，使财富传承变得简单而稳定，有效地避免了在一般继承过程中的纠纷。同时，信托具有事务管理功能，可以根据委托人的分配意愿直接分配收益，不会产生一般继承过程中烦琐的程序。

二、 金融杠杆

即人寿保险的杠杆放大功能，这有效保证了在代际传承中，财产在未来进入信托账户的金额远大于曾经支付的累计保费。其他工具则没有这种功能，更由于保险的这种金融杠杆属性，降低了信托的门槛，使一些资金不充足的人也可以选择信托进行资产保护。即使资金充裕，也可以不用把大部分资本都锁定在这里，这为他们增强了资本的流动性。

三、 隔离保护

无论是在保险端还是在信托端，都可以实现财产的隔离保护。在保险端，没有税务问题、不存在婚姻财产混同问题，也隔离开债务问题，在一定程度上实现隔离保护功能。在信托端，保险金的名义所有权转移到了信托，隔离保护功能更强。在资产隔离保护方面，没有任何一种金融工具优于保险信托。

这种隔离保护，还表现在婚姻财产的保护方面。保险和信托的双重功能，使受益人明确为个人所有，与其配偶无关，即使将来离婚，也不会产生婚姻财产的分割，保证了家族财产的完整性，也保护了子女的利益。

某企业家年过70，膝下仅有一女，爱如掌上明珠。他的女儿在出国留学时与外国同学一见钟情，两人认识仅仅几个月就打算结婚。企业家是又高兴又担忧，高兴的是女儿有所爱，担忧的是，女儿是否具有识别好男人的能力。而且这种异国恋，因为风俗文化等方面常常不能长久。他和女儿进行了一次深度谈话，希望女儿能够订立婚前财产协议，但好说歹说，女儿就是不同意，她认为这会影响夫妻的感情。没办法，这个企业家就为女儿设立了保险信托。确定女儿为受益人，同时也不用女儿签订任何复杂的协议。

保险虽然会一次性给子女一大笔钱，但加设了信托，就可以防范子女不善管理财产风险以及监护人风险。按照法律规定，子女未成年时继承的遗产可以由监护人代为管理。如果监护人道德不良，侵吞大额财产，接班人的权利就无法得到保障。但是用保险金信托，信托的分配方式非常灵活，按月向未成年子女支付生活费，避免了监护人侵吞大额财产的可能。

四、 实现公益慈善

保险信托在满足子女收益的同时，还可以使其受到教育，通过慈善事业体会到家族的价值观，并身体力行地保护家族名誉、地位，参与慈善事业的运作和管理。信托的分配方案设计得越好，越容易引导激励家庭成员的正向行为，或者约束其不当行为，保证在实现家族资产传承的同时，实现家族精神文化的有效传承。

总之，保险具有财产的确定性，信托具有增值和分配的灵活性，保险信托结合了这两种特性，并且自带执行功能，可以帮助高净值人士轻松实现财富多层次的精准传承。

第四篇
家族财富管理的核心是风控

家族财富管理和传承较为复杂，存在财富分配中的不均衡、不公平的问题，在企业传承中的迭代领导力落差、股权分配不合理的问题，甚至家族掌门人和后代的婚姻关系问题等不一而足，能够发现和评估风险，并且将可能涉及的风险和可以考虑的解决方案，都呈现出来以供决策者决策，或者做出风险调控计划，未雨绸缪，财富管理才会更安全也更有效。

第九章
想说爱你不容易：家庭关系中的风险防控

家庭关系是高净值人士在财富传承中的承载体系，家族的和谐、团结与否，对财富都有巨大的影响。但派系分立或纠纷、婚姻问题却又不以人的意志为转移，当家庭矛盾升级为诉讼就会付出巨大的成本和代价，因此，为多种情境做好计划，提前进行风险防控，设计最稳妥又安全的模式，就能更好地应对各种变故。

第一节　亲人矛盾体，直面家族分歧和纷争

心理学上有一个词叫“亲人矛盾体”，即关系最亲密的人，往往更难相处，矛盾也更多。因为最亲密的人通常都知道对方的弱点和优势，在和睦期，会互相维护，但利益面前，人性的弱点又难以让双方真正均衡，一旦撕破脸皮，矛盾和纷争的伤害可能更大。

由于高净值人群拥有巨额财富，家庭关系也相对较复杂，有的人会有多次婚姻，多房儿女，在财富面前，这种复杂的血亲关系，变得更加扑朔迷离。中国几千年来皇族的兄弟阋墙、父子相残，同室操戈，其实就是现实生活中某些高净值人群的家族生活写照。

对有实体企业的高净值人士来说，家族成员大多在企业中共同协作，担任各种职务，低头不见抬头见，企业治理过程中的矛盾、利益分配的矛盾、性格见识方面的矛盾，都会被无端放大，矛盾就会加深。

一般说来，在家庭关系中，最常出现的几种矛盾有：

一、 创始人和接班人的矛盾

这是最可怕的一种矛盾，常常会直接影响到家族企业的发展。一般表现为创一代对接班一代的不信任、暴躁教育、情感摧残，或者接班一代想要重新开辟路线，不愿意接受创一代的建议，对创一代的成就不屑一顾。

福特公司创始人亨利·福特和儿子以及孙子的三代相争，差点毁掉整个企业。

福特公司建立之初，推出T型车，迅速获得了成功。但随着通用雪佛兰的迅速崛起，福特汽车企业受到了极大的挑战，老福特最大的儿子爱德塞主张重新推出设计，遭到了老福特的拒绝。他认为，福特的T型车造价低廉，如果重新设计会提高成本，产品价格上涨，会降低产品的竞争力。

爱德塞是一个很优秀的企业管理人才，深受员工的推崇。可惜的是，老福特看到儿子深受欢迎反而很不喜欢，经常当着员工的面打压爱德塞。爱德塞郁郁寡欢，逐渐形成了酗酒的习惯，并最终在50岁时就离开了人世，而T型车最终还是被市场淘汰。事实证明，爱德塞的建议非常明智。可惜他已经没有机会再申明了。

爱德塞逝世后，他的儿子本森和小亨利也加入了福特公司。小亨利完美地继承了父亲爱德塞的才华，在企业里大展拳脚。可是，老福特的疑心病又犯了，他深恨自己的权威受到小亨利的挑战，以打压爱德塞的方式打压小亨利。小亨利一开始也像父亲一样选择屈服，可老福特变本加厉，几乎到了不顾家族利益的地步。

小亨利于是联合母亲，即爱德塞的遗孀，开始对抗老福特。小亨利的母亲继承了福特集团超过40%的股权，她说：如果老福特一意孤行，她就要把手中的所有股份全部卖掉。与此同时，老福特的妻子，小亨利的祖母也站出来，力挺小亨利，认为小亨利有能力接班，且老福特到了该退休的时候了。

最后，老福特迫于家族压力，以82岁高龄卸任，福特公司这才重新走上了创新的轨道，保住了企业的继承发展。

大多数高净值人士都希望子女儿孙能传承自己的企业，但不乏像老福特这样掌控欲强烈的创始人，他们一方面的确有超强的创造力，一方面却又因为创造了成功而产生了自负，蔑视一切后代，并喜欢始终坐在权力中心，享受掌控全局的感觉。

也有一些高净值人士，只是急于让后代传承企业，又不能全面客观地衡量孩子的能力，只是一味将自己的期望强加给孩子，并几乎以摧残的方式来督促后代快速成长。

企业的成功意味着权力和财富的巨大成就。创一代如果不能客观评价后代，给予其成长的空间，即使能给他很好的建议，也不利于后代的成长，不利于两代人的关系和睦，甚至不利于企业的成长发展。

除此而外，因富二代不愿意接班产生的纠纷也不少。如果创一代强行将其拉回企业，势必也会造成矛盾，同时对企业的发展也是一种不负责任的做法。传承最重要的是精神的传承，如果后代子孙不能体会创一代的价值观和创富精神，那么即使接替掌权，或者接手财富，传承也终将会毁于精神的断代。

二、 家族接班人之间的矛盾

这是最常见的矛盾，主要表现为兄弟姐妹、继承血亲、姻亲之间的纷争，这种矛盾会分裂财产，分裂权力，不利于企业的发展，也不利于财富的保值。

所有人都知道纷争对家族财富的分裂性，但对于企业最高的领导权和财富最大的控制权的欲望，支配着很多人进行着权利纷争。

三、 家族成员之间的矛盾

很多家族成员合伙创业的，在创业期，他们通常都很和睦、团结，因为创业的艰难，让他们形成强烈的危机意识，能共患难。可一旦企业进入守业期，家族内部的矛盾就爆发出来，有形的财富和无形的权力就在眼前，大局观便被抛诸脑后。

尤其是创一代中最有领导权的人在选择接班人时，以自己的后代为标准，必然会引起元老家族的不满，造成接班人和企业元老支柱之间的矛盾。

对于有危机意识的家族掌门人来说，家族产生分歧，会促进他的思考，让他发现最有创造力的力量，并将其发掘出来，同时，也会发现纠纷背后存在的更大问题，及时做出应对。相反，故意忽略、掩盖问题，只会让危害潜伏下来，成长为更凶猛的危机。

因此，家族掌门人应该直面家族矛盾。其实家族关系的风险是可以预见也可以控制的，提前对家族风险做好情景设计规划，提前考虑解决问题的方案，通过建立合理的家庭制度，鼓励促进家族团结的行为和意识，惩罚促使家庭分裂的行为和意识，提高家族的凝聚力。就能降低风险，提高家族的创富能力。

第二节　建立家族治理体系，化解家族矛盾和传承危机

在家族企业的治理和传承过程中，一个团结有凝聚力的家族，将成为企业发展的核心支柱。中国古代传统是依靠道德建设形成家族凝聚力，道德建设当然是必须的，但更重要的还是需要有一套包括激励和惩罚的有效治理体系。明清时代兴起的商帮：徽商、晋商、粤商等，都有其家族特点，也都有自己独特的家族治理模式，比如徽商就使用族规家法来治理家族内部的代理关系。

当代中国高净值人士在代际传承中，一边学习国外先进经验，一边摸索治理方案，逐渐形成了一套缓解家族矛盾和传承危

机的机制。

李锦记的家族在传承发展中，曾经发生过两次内斗危机，虽然现在已经有了第五代传承人，但每次内斗都使企业元气大伤。到21世纪，李氏兄弟开始反思，怎样才能保证家族继承人之间不会因争权夺利而自相摧残，进而提高家族的凝聚力？

李氏兄弟专门去欧美、日本那些已经完成代际传承的家族企业去观摩、学习，他们发现，家族团结是比企业发展更重要的事情，由此形成了李锦记特有的一套价值观，即“我们 > 我”。他们认为，应该先追求家族的永续，然后才是企业的永续。因为只有家族永续才是根基，而企业若没有始终不变的核心价值理念，必然无法完成永续。

李锦记以“家族至上”为理念，设立了“家族学习与发展委员会”，以父母（第三代李文达夫妻）和五兄妹为核心成员。这是家族的最高权力机构，下设“家族业务”“家族办公室”“家族慈善基金”“家族投资公司”“家族发展中心”等。其特性是集体领导，重大的事务全部要交由“家族学习与发展委员会”集中讨论决定。除了家族委员会，还有一个由28人组成的家族大会。

与此同时，李锦记还制定了《李锦记家族宪法》，确定了公司治理、接班人培养、家族会议、家族内部规范、家族成员退休规定以及家族宪法修改和决议执行六个方面的内容。

家族宪法成了李锦记的统一行动方案，使家族和企业的发展有了完整统一的规划，并确保了家族的长久和睦。

不同的家族，有着不同的思想价值观，不同的企业，有着不同的发展思路，因此，家族治理体系也各有不同，但大体来说，家族治理需要注意以下几个方面：

一、 家族价值观

美国学者兰德尔·卡洛克说："家族价值观是家族企业成功的秘密武器。得到认可的所有者会专注于一套价值观和愿景，进而影响企业战略和可行性，这种方式是分散的股东群体所无法比拟的。"

家族价值观是一个家族的核心思想，它主导着家族和企业未来的发展方向，对当下家族投资理财也十分重要，因此，在家族投资理财战略里，它是必须要考虑的要素。

李锦记的价值观和核心愿景就是"家族发展"优于"企业发展"，在这个价值观的引导下，家族的内部交流逐渐趋向于和谐，目标和行动得到统一，家族的实力也得到发展壮大。

二、 家族宪法

家族宪法是一套基于信仰、价值观为基础的行动指南。家族宪法要落地、要成为家族成员的行为惯性，这就需要所有家庭成员积极推行宪法，让家族治理、民主决策、尊重规则的方法和制度成为家族信仰。

其次，家族宪法是对家族事务和企业事务做出统领安排，那么家族宪法中的精神、原则和具体制度安排便需要一种机构来落实和执性，即家族治理的最高级别的治理结构。图 9-1 所示是李锦记的家族治理结构。

在家族治理中，需要明确家族和企业的治理规则，明晰家族事务和企业事务的边界，这就需要设定家族治理结构。当家族宪法以治理结构为核心，家族的所有问题以及企业要面临的问题，

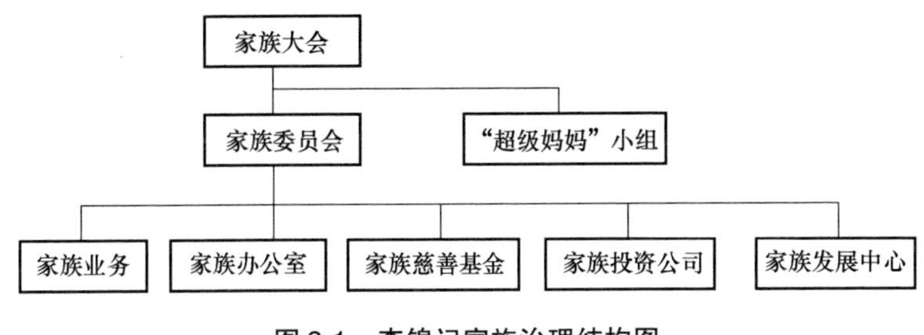

图 9-1　李锦记家族治理结构图

比如未来家族领袖的教育和选拔、高层管理机构、董事会甚至家庭成员的沟通等，都可以通过科学的治理结构来解决，而不用完全仰赖个人智慧。

三、 家族治理机制

所谓家族治理机制，即能够传承家族的价值观和核心愿景、落实家族宪法内容的各种会议制度。一般为家族委员会、家族大会。

在制定家族宪法时，要广泛听取家族成员各方意见，充分考量各方利益，与各方有效沟通，制定的宪法越公平公正，就越有执行力度。而且要结合家族自身的传统与特色，避免口号式宏观倡议与教条，可以具体到矛盾调解、人才培养计划等各种事项。当然，家族宪法的制定不是一蹴而就的，它需要不断地适应和调整，因此，收集反馈意见十分重要。

这些是家族委员会需要完成的任务，一般来说，家族委员会主要负责家族宪法的制定及修订；传承和强化家族价值观；筹划家族成员（尤其是后代）的学习与培训计划；确立董事会成员及其任命方式等。

在实践应用中，家族大会承担着沟通的平台作用，要避免无趣而枯燥的投票、通过、再投票的过程。其目的是吸引更多的家族成员参与其中，并贡献卓越的点子，因此要提高家族大会的有趣性，但同时也应强调高效性，这就需要组织者选定重要的议题，或对大会成员的议题进行全面衡量。

李锦记的家族大会为三个月召开一次，每次四天。内容包括三个方面：学习、制订和通过计划，以及娱乐和社交活动。

四、 家族企业治理机制

家族企业在生存发展中，通常是家族成员控制着家族企业，所有权与经营权没有实质分离，其治理机制与现代公司治理不同，具有较强的家族特色，是家族治理机制的分支。

当然，经营权和所有权不分离，会限制企业发展，实际上，目前很多家族企业都有现代公司治理机制的内涵，比如，引进经理人，用专业的管理团队来进行管理；引进外部董事会成员，为经理人等设置开放席位；引入独立董事，让董事会更专注自己的职能所在等。但家族企业也会采取措施确保家族产权的集中，比如一些港台家族企业实行家族间相互持股的方式避免产权过于分散，以维持家族地位，避免家族产业旁落。总之，按照家族发展忠于企业发展的理念，家族企业只是家族的一个分支，只有家族利益平衡，企业才能得到正向发展、长久永存。因此，建立家族治理体系，不但可以缓解家族矛盾，传承家族财富，同时也是为企业的发展构筑更坚实的基础，更有效地保障家族和家族企业平稳地发展。

第三节 应对婚变对家族财富的冲击

对一个家庭来说，财富和夫妻的情感双重稳定了，家庭也就稳固和幸福了。财富的稳定需要夫妻双方各自独立，朝着一个目标共同努力；而情感则是一个很复杂的问题。对于高净值人士来说，财富首先就是一种诱惑，一方面吸引人来，一方面诱惑人出去，因此，婚变在高净值人士中占据很高的比例，一旦婚变，面临的不但是感情的破裂，还有财富的缩水。

俄罗斯亿万富豪德米特里·雷波诺列夫（Dmitry Rybolovlev）和妻子埃琳娜（Elena）光离婚官司就打了六年，尽管雷波诺列夫想尽办法拖延时间，使用信托转移财产，但因为所有财产都属于夫妻共同财产，最终，瑞士法庭判决，埃琳娜在离婚中分得48亿美元财产，即雷波诺列夫的一半财产。

在俄罗斯的法律中，关于离婚时夫妻的财产分配，如果有约定，按约定分配，如果没有约定，则夫妻平分财产。在瑞士的法律中，埃琳娜同样有权要求平分夫妻共同财产。雷波诺列夫事前并没有做财产约定，因此，只能和妻子平分财产。而他这种藏匿、转移财产的行为对最后的判决根本无效，反而可能会造成财产被冻结。我国民事诉讼制度中就明确规定了财产保全制度，一方当事人存在恶意转移、隐藏、挥霍或处分夫妻共同财产或个人财产，从而产生危及子女抚养、财产分割、共同债务清偿等一系列问题时，在情况紧急时，另一方当事人有必要申请财产保全措施，以保证判决的顺利执行。

对高净值人士来说，特别是夫妻双方财富差距较大或者创富能力差距较大时，富有的一方自然不愿意将财产分割。财产的分割不但会影响个人的财富规模，还可能影响公司的发展。

那么，如何应对婚变对家族财富产生的冲击呢？

一、约定财产

夫妻财产制度分为约定制和法定财产制。所谓约定，即夫妻就婚前财产和婚内财产所有关系的契约。婚前协议和婚内协议都属于这种契约，两者都可以约定婚前和婚内财产的归属，只是签署时间不同，前者为结婚前，后者为婚姻存续期间。而法定财产制是对约定制的补充，《合同法》的原则是“约定先于法定”。法定制就是在夫妻没有关于财产的契约或约定无效时，依照法律规定所直接适用的夫妻财产制。

二、 利用保险规避风险

根据《民法通则》《婚姻法》《继承法》的相关法律法规规定：保险利益具有特定的人身关系，即保险金属于个人财产，不归入夫妻共同财产。也就是说，当婚内财产以保险的形式出现时，就不参与财富分割。比如，人寿保险合同，因为不属于婚内财产，在离婚后，不属于分割的范围，如果是以对方为被保险人，财产归属于对方，如果受益人是投保人，即为自己买保险，那么离婚后，财产属于自己。

三、 利用家族信托隔离财产

家族信托的两个比较重要的作用就是做到资产隔离和按意愿分配财产，委托人可以按照自愿选择将谁纳入受益人范围，并且对受益人行为做出缜密的约定：比如，受益人是配偶方，但如果夫妻关系破裂，配偶方的受益权会自动丧失，不能进行财产分割。

上述前提是用个人自有财产设立。如果设立信托的本来就是夫妻的共同财产，一方没有经过另一方同意而设立信托，而且是自益信托，或者他益信托但并非配偶，另一方有权申请撤销。信托机构在设立信托时，也会核查配偶同意的法律文件。

总之，高净值人士必须要建立家庭风险防范体系，尤其是对可能发生的婚变构筑防火墙。科学统筹、提前规划，才能保全资产，保护财富传承顺利进行。

第四节　婚前协议：给婚姻以最实惠的浪漫

在美国，很多人即使在爱得如醉如痴的时候也会在婚前做好财产的安排，即签署婚前协议。美国总统特朗普已经经历了三次婚姻，而他的财产并没有被严重分割，就是因为他签署了婚前协议。他认为，婚前协议虽然丑陋、让人很难接受，过程也完全无趣，但多年后看到你拥有的完整而漂亮的家业房产，你就会发现它其实很美。

婚前协议在美国的接受程度很高，特别是高净值人士，他们在财富的传承过程中，法律意识和危机意识都很强，通常都会比普通人更善于做婚前规划。正如特朗普所说，婚前协议能保障自己的权益，防范未来的风险，能避免离婚后带来的经济恐慌。就像信托保护一样，如果有了婚前协议。离婚时财产分割就变得容易，通常不会发生诉讼。

在我国，根据《婚姻法》第十九条："夫妻可以约定婚姻关系存续期间所得的财产以及婚前财产归各自所有、共同所有或部分各自所有，部分共同所有。"也就是说，夫妻双方可以通过婚前（婚内）协议的方式来确定财产的所有权。随着我国高净值人士的法律意识和危机意识逐渐增强，婚前协议被认可的程度也越来越高。

虽然婚前协议越来越被高净值人士认可，但很多人缺乏法律常识，随手写就约定，比如，有人这样写：公司的财产和某某（配偶）无关。这样的协议是无效协议，并没有明确婚姻财产的属性，容易产生歧义，因为公司的财产本来就不属于个人。

那么，怎样的婚前协议才是有效的呢？

一、约定以书面形式呈现

口头约定，没有书面协议，将无法得到法院认可，必须要白纸黑字记录下来。只要是书面形式，并按照固定的方式来签写，不必到公证处公证也被视为有效。当然，公证后的效力会更高。

二、限制一方人身权利的协议无效

比如有人签订的婚前协议是“婚内出轨方，需要净身出户”。这种协议在法律界被称为“忠诚协议”，是无效协议。因为根据我国的《婚姻法》，公民有结婚、离婚的自由。

婚姻关系是人身关系和财产关系的混合。婚前协议最好只约定财产归属及债务承担问题，不要涉及人身权利问题。

三、双方平等协商后自由签订

婚前协议要求在双方平等协商后签订，即反映的是双方的真实意愿。如果有一方不愿意签订，另一方以欺诈、胁迫的手段强迫签订，法院一旦认定，会视为无效协议。

四、明显不公的协议无效

协议中利益偏向于一方，另一方有权请求法院变更或者撤销。

五、 只能处分夫妻共同财产

婚前协议只能处分夫妻共同财产，所谓夫妻共同财产，是指在夫妻关系存续期间夫妻所共同拥有的财产。婚前协议无权处置个人财产，家族财产和企业财产。一些高净值人士的家族财产和个人财产混在一起，没有隔离，在签订婚前协议的时候，也把个人资产和公司资产混为一谈。比如，婚前协议处置登记在公司名下的房产、汽车，就属于无效协议。

六、 只约定静态财产不够，得考虑财产转化和收益

婚前协议是一种对未来财产分配的约定，在离婚时生效。因此，不能只考虑处于当下的财产状态，还要考虑在婚姻存续期间的财产变化。对于约定不够明确的财产（收益），会被视为夫妻共同财产，在离婚时按每人 50% 进行分割。

结婚，是浪漫幸福的开始，而婚前协议，则是让这份浪漫幸福变得更加踏实的一种法律工具。签一纸协议，护一方财权，对很多人或者家庭来说都是好事。

第五节　跨国婚姻中感情与财富的平衡之术

如今跨国婚姻越来越普遍。尤其是对高净值人士来说，有些子女接受国外教育，或者在国外工作积累经验，他们选择与外籍人士恋爱结婚也就顺理成章。也有一些外籍人士生意都是在中国，也长期生活在中国，选择了和国内人士结婚。

但因为文化差异、地域语言、生活习惯等原因，跨国婚姻的

离婚率也相对较高。以上海为例，跨国婚姻缔结率和离婚率都居全国首位，有一多半的跨国婚姻都以离婚收场，其中不乏为财产纠纷提起诉讼的。而各国法律不同，一旦离婚，财产分割和继承就变得很麻烦。在没有财产约定的情况下，就要使用法定财产制进行分割，而不同国家的法定财产制完全不同。

中国的法定制是夫妻共有财产制，即婚后财产属于夫妻二人共有，婚姻直接影响着财产关系。欧洲的大部分国家都是夫妻共有财产制。但日本和英国采用的是夫妻分别财产制，这种制度认为，婚姻对财产权利没有影响，在婚姻关系存续期间各自所得的财产归各自所有。而美国是两种制度共存，有些州实行共有财产制，比如加利福尼亚州、德克萨斯州、华盛顿州等，有些州则实行分别财产制，比如俄亥俄州、肯塔基州等。

跨国婚姻，很容易产生跨国财产，如果在实行两种制度的国家或地区都有财产，就会给夫妻财产的分割带来不便。

除此而外，不同的国家对专属一方所有的财产规定也不相同，比如，有的国家会规定一方无偿获得的捐赠只能属于个人所有，有的国家规定对个人人身伤害的赔偿金归个人所有，也有的国家会规定一方职业上必需的物品归个人所有，不一而足。

同时，对于债务分配，不同的国家规定也有所不同。有的国家规定，夫妻各自负担各自的债务，且仅能以个人财务来偿还债务。也有的国家规定，夫妻各自负担各自的债务，但可以使用婚前属于一方，但婚后属于共同财产的部分偿还……

面对这样纷繁复杂的情况，我们应先了解一下对方国家对婚姻财产和债务方面的法律规定，然后在充分协商基础上，订立一份夫妻财产协议，明确约定婚前及婚后的财产归属。具体来说，签订夫妻财产契约需要注意以下几种问题：

一、 法律适用问题

法律适用问题是跨国婚姻中的重点。比如，日本人在中国做生意，生活在中国，法律适用条款可以约定为适用中国法律。当然也可以根据当事人的意愿协议选择，协议可以是书面形式，也可以是口头形式。

二、 根据律师的指导签订有效协议

法国企业家勒戈夫在中国经商多年，自己的企业、财产大多都在中国。勒戈夫和中国籍女友张某发展稳定，最后决定结婚。张某有一个儿子，在国际学校读书，并准备将来去法国发展。

勒戈夫和张某结婚后，签了一份婚内协议，协议内容规定：各自婚前财产和婚后财产归各自所有；张某的儿子的抚养费由张某一人承担；共同生活开支由双方共同负担，个人开支由各自承担。

在这个协议约定中，财产约定不明。勒戈夫是企业家，企业每年都会产生收益，根据中国《婚姻法》，如无特殊约定，婚后该企业收益将转化为夫妻共同财产。由于协议没有明确具体内容，一旦发生纠纷，张某就能以协议签订时勒戈夫故意隐匿企业股权这一财产为由，主张没有明确股权收益是夫妻共同财产是受到欺诈，这样的约定就属于无效约定。为了避免这样的情况，需要在律师的指导下增制夫妻双方的婚前财产清单。为了更加严谨，还可以设置兜底条款，以防止遗忘告知财产。

另外，抚养子女是父母的义务。勒戈夫虽然不是张某的儿子的亲生父亲，但根据中国《婚姻法》，勒戈夫与张某缔结了婚姻，在法律上，勒戈夫就是孩子的父亲，有抚养教育义务。协议中设置的排除义务，在纠纷发生时，会被视为无效。而张某对儿子的未来规划中有留学法国等意向，将来的教育培训成本不可估量，当协议无效，按照法律规定，勒戈夫就要和张某共同承担所有的教育费用。有效的协议可以这样约定：按照所在城市公立教育费用标准，孩子未来必要的基础教育所产生的费用，由夫妻双方共同承担，超出部分由张某独自负担。

关于婚姻财产的约定，涉及《婚姻法》《合同法》《物权法》等民商事法律的规定，因此，必须要有专业律师进行规划，一味扩大己方的利益，很有可能会掉入协议无效的陷阱，反而产生更大的损失。

三、 明确双方债务

跨国婚姻有太多的未知区，不排除一些有特殊目的的人采用婚姻的形式获取利益。可以排除风险的方法就是做事前调查，但在爱情面前，这种调查常常被忽略，所以在约定的内容里，加入债务约定就显得十分必要。在债务约定中，不但要明确对方到约定签署日是否有债务，还要对未来可能出现的潜在债务进行约定，比如“若有潜在个人债务则由个人承担”。

四、 增强法律意识和证据意识

面对婚姻风险，应该增强法律意识和证据意识，对于家中经济情况，包括不动产、存款和金融资产等都要做到心中有数；对于购置的高档物品、古董要登记造册、复写购物票据；大宗财产可以进行拍照确认，填写财产明细，并寻找证人等，以防财产被转移。

五、 结合其他如保险和信托等方式

除了婚前和婚内协议等约定，还可以加入保险、信托等保障工具，使财富更加安全。

毕竟，跨国婚姻存在太多的未知区域、潜在风险，能提前以优良的工具进行保护，既排除了以钱为目的的欺诈婚姻，使婚姻更加幸福纯粹，又能有效保证财富的安全。

第十章

家业不是企业：家族企业经营与股权传承中的风险防控

家族企业涉及三重系统：家族、企业和所有权。很多企业家家业和企业不分，经营管理全家上阵，家庭财产和企业财产混同，造成经营管理和家族财富双重风险，在股权传承中也变得非常被动。企业作为独立的法人，必须要独立在家庭之外。同样，在股权传承方面，接班人不只是简单接过上一辈手中的管理权杖，还需要树立自己的权威，在经营管理中更有创造力，才能安然度过接班危机。

第一节　左兜右兜要分清，家业企业要隔离

中国高净值人士有很多是民营企业家，有的企业还是夫妻一起创业的模式，很多人将企业家三个字理解为企业就是家，家就是企业。因此，有些企业家在企业赚钱了，就随便从企业中拿钱来购置豪宅、豪车，而在企业资金链紧张、需要融资的时候，又把家里的存款注入企业，把豪宅、豪车都抵押给银行。企业和家庭的财富混为一谈，家族的风险会传导给企业，而企业的风险也会拖累家庭。

在中小企业中，最常见的几种错误如下：

一、用个人账户收取企业往来经营款

企业家从企业里所能拿到的钱，必须是在缴纳国家的企业所得税、社会统筹的社保以及为企业员工发工资、发福利之后的剩余利润。就是这些剩余利润，也不能随随便便拿来花，因为还要考虑企业扩大规模的储备资金。有些小企业主为了少缴纳所得税、社保，通常会在业务往来中使用个人账户，结果面临刑事、民事责任。

一个营销员出身的绘本销售商，随着互联网上的生意不断扩大，注册了一家有限责任公司，但他只有一个实体店铺，他的很多批发商都是他做销售时期建立的人脉网。为了少开发票不交税，他以老婆的名义在银行开了个账户，让那些经销商把钱都打到他老婆的银行账户中，几年累积下来，他老婆的银行账户共收经营款几千万元。但由于生意忙碌，夫妻两人的关系越来越淡漠，老婆要和他离婚，两人在分割财产时，经销商才发现他老婆

账户上的所有钱不翼而飞，他一怒之下将老婆告上法庭，结果他用个人账户收取企业经营款的行为被曝光，面临逃税的刑事责任。

根据《中华人民共和国公司法》第一百七十一条第二款规定：对公司的资产，不得以任何个人名义开立账户存储。案例中绘本经销商的做法，以个人账户存储公司资产，不但要承担偷税、逃税的刑事责任。同时，根据《中华人民共和国公司法》第六十三条规定：一人有限责任公司的股东不能证明公司财产独立于股东自己的财产的，应当对公司债务承担连带责任。本来，公司以其全部独立财产对公司的债权人承担责任，股东不用单独面对公司的债权人，仅以出资为限对公司债务承担清偿责任。但绘本经销商的个人资产和家庭资产不分，如果公司如果面临债务偿还，要由他个人和家庭承担连带责任。

二、 私自挪用公司财产

大多数人认为，私营企业的老板，就是企业的主人，企业赚的钱就是他个人的钱，因此，他可以随便处置企业赚取的利润。但从法律的角度上来讲，企业是独立的法人，有独立的法人财产，享有法人财产权，公司法人人格独立于任何个人，包括公司的董事长或法定代表人。

老李经历过多次创业，各有成败，他曾经投资过一家医药公司，成立的是股份制有限公司。他找了几个朋友挂名，自己单独出资，朋友们也不参与分红，公司成立了多年，从来没有开过董事会，在公司运转期间，需要融资的时候，也都是老李一个人东挪西借想办法。某一年，股东中某个人出了事，牵连到老李，在查他的公司账目时，发现四笔数额较大的账目挪给了他自己的其他单位，用来归还债务，并且超过3个月未归还。老李已经触犯了挪用资金罪，以及职务侵占罪。

根据《中华人民共和国刑法》第二百七十一条规定，职务侵占罪，是指公司、企业或者其他单位的人员，利用职务上的便利，将本单位财物非法占为己有，数额较大的行为。《中华人民共和国刑法》第二百七十二条规定，挪用资金罪，是指公司、企业或者其他单位的工作人员，利用职务上的便利，挪用本单位资金归个人使用或者借贷给他人，数额较大、超过三个月未还的，或者虽未超过三个月，但数额较大、进行营利活动的，或者进行非法活动的行为。

私营企业主或投资者的资金从注册成为公司资本后，就不再属于业主或投资者个人。业主或者投资者只享有分配利润的权利，不能直接占有公司财产。但很多业主或投资者意识不到这一点，企业没有建立完善的财务制度和监管机制，企业家的家庭日常消费、购置车辆、购置房产等都从公司的账户支取，结果造成刑事犯罪。

三、 企业融资由股东家庭承担无限连带担保责任

很多中小企业都面临着资金紧张的局面，为此，免不了向银行或其他机构借款。在签订抵押借款合同时，借款方会要求大股东和股东配偶一起签字，承担连带责任，这就为未来的家庭财富预埋了极大的风险。一旦企业将来还不上借款，根据两人签字，债权人有权起诉到法院，冻结股东家庭所有财产。

在借款时如果被要求承担连带责任，那么在签订合同前，企业家首先要做的，是评估自己是否能承担这样的风险。为避免盲目自信，企业家需要在更大的时间维度上来评估，将风险控制在

自己能够承担的范围内，避免被动的情况发生。保护了个人财富，企业家有了安全感，才能更充分地投入到企业的发展中。

四、 用家庭财产为企业输血

这也是比较常见的家业和企业不分的情况，很多企业家认为，企业的未来才是自己的未来，因此，为了企业的发展，家庭财产就应该无条件输送给企业。但是，企业经营充满了风险，据美国《财富》杂志调查显示：美国中小企业平均寿命为7年，而中国境内中小企业平均寿命只有2.5年。在实际的企业运营中，企业家需要面对经济环境的不确定性的变化、行业的周期性波动等情况，如果是传统企业，还可能面临产业升级和互联网经济带来的冲击，加上各种黑天鹅事件，谁都无法预料企业的未来会怎样。因此，必须要给家庭预留“一块自留地”，以确保风险发生时，家庭成员的生活能有保障。

正所谓“城门失火，殃及池鱼”。在家业和企业之间，必须要设置防火墙，把家庭的现金流与企业的现金流严格分离，一方面规范企业的资金管理制度，强化企业的资金营运机制，一方面要做好家庭财富风险防范，如此才能使辛苦大半生积累的家业存续下来。

“家企混同”的风险不容忽视。不管企业处于哪个阶段，都应该重视企业的独立性，并平衡企业和家业的关系。只有这样，企业家能更好地投入到企业的经营管理中，更稳妥地发挥创富能力，提升财富的量值。而将家族财富分离出来，还可以进行分散投资，分散风险，扩大收益，为家族财富提供更广阔的成长空间。

第二节　生前未做股权传承会导致企业内耗不断

股权是比较特殊的财产，它不但包含财产性权益，同时还拥有股东的身份权利。股权的传承，不但影响着家庭财富的变化，还影响着企业未来的发展格局，同时还会影响家族对企业的掌控。没有一套完善且量身定制的股权传承计划，家族企业在传承中就可能举步维艰，丧失自主权甚至创富能力，面临危局。

但现实是，很多家族企业都缺乏系统的传承规划，甚至没有规划。缺乏提前规划意识，容易产生如下几种问题：

一、 家庭成员之间陷入纠纷

《公司法》第七十五条规定："自然人股东死亡后，其合法继承人可以继承股东资格；但是，公司章程另有规定的除外。"

如果家族掌门人突发意外身故，在没有股权传承计划时，所有的法定继承人，包括父母、配偶、儿女，都是第一顺位继承人，都有资格继承股权。众多法定继承人为争夺企业的控股权，必然会展开无休止的诉讼纷争，企业内耗不断。也有些家族管理者，因为自己并非第一顺位继承人，不甘心股权旁落，精心筹划出只有利于自己的股权分配方案。

一位地产老总，打造了一个百亿元规模地产集团，旗下有诸多产业，价值不菲。但他突然生病撒手人寰，他的一双儿女尚幼，生前也未对妻子做出任何股权分配的说明。

就在这位老总被下病危通知书的时候，他名下诸多产业的股东会文件中出现了一份"神秘遗嘱"，按遗嘱所示，他所持有的股权全部无对价或低价转让给弟弟和妹妹，而儿子女儿和妻子则

“零继承”。

地产老总的妻子和小叔小姑沟通未果，发起诉讼。由于她一直没有参与过公司的经营管理，所以在诉讼期间，公司很多管理者都或有意或无意地告诫她，她没有经营能力，她和年幼的儿女继承股权，会影响公司发展，一旦她们获得继承权，将引起公司管理层的巨幅震动。

这位地产老总的妻子有自己的集团事业，她并非不懂管理，只是一直没有插手丈夫的事业，收到这些告诫，她反而更坚定了要揭发真相。一审结果，法院判定相关股权转让无效，这位小叔不服，再次上诉，二审判决结果，依然维持原判，这位妻子胜诉。

虽然如此，这位老总的妻子却并不敢松懈，因为接下来，才是战争的开始，怎样让集团管理层都安定下来，让那位小叔和小姑不再从中作梗，她还有很长的路要走。

二、 劣币驱逐良币——企业继承给了不懂管理的人

没有遗嘱和传承规划，可能意味着所有的法定继承人都没有经过继承培训。父母因为年纪大了，未必有企业经营经验，而妻子可能承担的是家庭生活的责任，从来没有参与过企业的管理，儿女尚未成年，或者未经历过传承培训，没有父辈的领导力难以承接企业的运营。这样，继承股权对他们来说是负担；对企业来说，是灾难；对企业的经营管理者来说，虽然参与企业的管理，但是因为没有股权，没有控制权，只能眼睁睁看着一个不会开车的人操纵一车人的命运，这又是何其残忍。

比如上面第一个案例，地产老总的妻子和她年幼的儿女是第一顺位继承人，如果这位妻子完全不懂管理，那么她控股对企业就有可能产生不良影响。

三、 继承人易遭到企业元老反对

有些家族企业掌门人是独生子女，传承并没有任何纠纷，但由于没有提前规划，继承人未必是对企业最有利的接班人，企业元老为了自己的利益，为了企业的发展，很可能会联合起来反对继承人继承股东资格，不支持其工作决策等，也会使企业在内斗中遭受重创。

四、 稳定的股权结构可能被打破

德姆塞茨认为：企业的股权结构是企业经营管理集团在经历了利益博弈后的结果。只有结构平衡，每个人的利益最大化才能够实现，创一代的企业能够稳定发展，说明股权结构达到平衡。但这种平衡会随着掌门人的逝去而失衡，股权结构失衡，利益关系被打破，可能会导致企业出现内乱。

企业的创办并非一日之功，而且企业还承担着纳税、就业等社会责任，企业一旦倒塌，会涉及多方利益，因此，企业掌门人在顺风顺水时就要早做规划。

首先就是使用遗嘱和公司章程。为避免股权纠纷，企业掌门人可以在公司章程里进行明确规定，提前的规定可以反映掌门人的意愿，对企业的发展最为有利。如果掌门人希望子女继承，也可以反映在公司章程里；如果掌门人希望保证夫妻利益，夫妻股东相互之间享有股权优先购买权，任何一方发生意外，由子女自然继承企业股权。为避免章程被随意篡改，还应明确：修改章程需全体股东一致同意后才能生效。

还需要注意的是，审核公司股权转让的公司登记机关通常只是进行形式审查，为避免假冒签字的股权转让协议，接班人应该提前掌控负责办理工商变更登记手续的部门，把握企业的工商变更动向。

其次，可以采用保险和股权家族信托等多种方式保护家族企业股权。企业可以为股东和关键人购买寿险，以对冲风险，在股东和关键人发生死亡时，可以用保险金来回购股权，既满足了股权继承人的退出套现要求，又能缓解企业现金流的问题，还能保证股权集中。

第三，制订家族继承契约，或者子女股东之间的《股东大会决议》，对股份和股权做出约定，完成家族中显名股东和隐名股东的股权利益分配，对于家族企业的管理权、分红权、投票权、决策权、股份转让、股权回购、股权的估值办法等做出具体的安排。

第四，采用公证遗嘱，进一步对公司股权的市场价值及其利润分配原则进行补充强调。

总之，提前规划，预设各种风险情境，并配以相应的对策，经过全面论证进行事前授权，提早安置股份及其权限，就能将企业内耗的风险降到最低。

第三节　破解股权传承平均主义造成的治理僵局

在股权传承中，有一些高净值人士会犯平均主义错误，在子女之间公平分配，认为只有平均主义才公平合理。其实，这种方式在家族企业传承中具有风险，并不适用。

张家餐饮创始人老张有两个儿子，在张家餐饮繁荣扩张的年代都进入企业，全家一起打拼。大儿子开拓市场，二儿子负责日常的管理运营，一家人相互扶持，能力互补，生意顺风顺水。老张临终前，决定给两个儿子各50%的股权，委任大儿子担任法人代表和执行董事，二儿子做总经理。老张嘱咐他们兄弟齐心，好好守护家族企业。

老张离世后，市场环境骤变，餐饮行业整体陷入低迷，张家餐饮也生意惨淡。兄弟俩对家族企业的发展产生了分歧，老大认为应该加大投入，把握核心城市的核心区域，而老二则认为要节制投资，关掉效益不好的店。两兄弟谁也说服不了谁，老大为了扩大自己的领导力和影响力，把企业内主要参与管理的人都换成了自己的支持者，受到老二的阻挠，老大于是利用执行董事的身份，非常蛮横地免去老二职务。

老二气愤难当，母亲也非常生气，找老大沟通，希望他铭记父亲的临终嘱托，但老大以经营管理需要对母亲的意见置之不理。老二只好找律师，希望通过诉讼要求撤销执行董事的决议，但在企业的章程里，明确规定了执行董事可以任免公司经理。老二又要求召开股东大会，再次遭执行董事的拒绝，老二忍无可忍，向公安机关举报老大涉嫌职务侵占罪。

就在两兄弟内斗期间，企业高级管理层出现了离职高潮，企业经营陷入困境，一度资不抵债。不久，张家餐饮彻底倒闭。

老张家的纷争就是因为股权平分引起的控制权之争。在公司的章程设计上，不设董事会，只有负责经营管理的执行董事，执行董事又兼任法人代表；执行董事也有权任免公司经理。为老大控制局面提供了空间，可是由于兄弟俩股权相等，老大无法彻底地获得实际控制权。长期而没有结果的纠纷，在企业面临困境的时期，无疑是致命的打击。

股权平等就意味着大家都相同，即谁都有权控制局面，而谁的权利又都不比别人多。这会导致企业无法进行重大决策。同时，股权平等还意味着大家的责任都相同，没有人有巨大的动力去为企业的长远发展做部署并承担责任。

平均分配股权还有一个明显的弊端，在多子女的情况下，意味着股权的分散，而且在经过多代传承后，这种分散会继续深化，等股权分散到企业的经营管理人手中已经微乎其微，这会给经营管理带来极大的困境。而且，企业有多名股东参与，众口难调，难以决策。

面对这种情况，需要做以下改进：

一、 分开表决权与分红权

范博宏教授曾经提及一个案例：

中国闽南地区有一个家族企业，在进行股权分配的时候，就是用了表决权和分红权分离的方法。家族总共有八个人，分别是创始人，创始人夫人，五个女儿，一个儿子。为突出儿子的控制权，在表决权方面，儿子分到48%，母亲为17%，其他五个女儿为7%。但分红权利又完全不同，五个女儿分别为15%，母亲为5%，儿子为20%。

这种表决权和分红权完全不同的方式叫同股不同权。虽然上市公司不允许如此，但在非上市公司是可以做这种约定的。这种分配方式的优势就是给予接班人实际控股权，避免控制权之争。比如，上面张家餐饮的案例中，老大、老二的分红权可以各为50%，但表决权要偏重老大，这样老二就不会过于执着于自己的意见。

二、 完善治理机制

在张家餐饮的案例中，即使家族成员大致平分股权，但如果公司的章程有所改进，也不会出现这样的矛盾。具体来说，可以对接班人以外的家族成员限制决策管理权，以确保接班人控制着表决权。比如，规定重大决策的表决比例；将执行董事制度变为董事会制度，吸引更多的家族内部成员进入董事会，形成限于家族内部的民主决策机制；在股东以外选择没有重大关联利益的独立监事；约定僵局时的退出机制，即由一个股东收购另一个股东等。

三、 由一个子女继承公司的传承方式

很多高净值人士会在子女中选择单子女继承的方式。

李嘉诚有两个儿子：李泽钜和李泽楷。在代际传承中，李泽钜接手管理着李嘉诚旗下多于40%的长江实业及和记黄埔股份，多于35%的赫斯基能源权益，即实业部分基本都交于长子。而李泽楷获得的是现金支持，李嘉诚支持他所有对新兴行业的投资。这种设计方案基于两个孩子的性格特性：老大性格沉稳，行事低调；老二则自主性强，喜欢挑战。这套设计方案非常符合两个儿子的个性，发挥了他们各自的特长，而且因为互不干扰而避免了纠纷，扩大了李家的事业版图。

选择单子女继承股权时，为避免纠纷，同时也要对其他子女进行补偿。在补偿时，可以根据子女的特性，给予他们能在特长方面发挥的资源、资金、人脉等多方面的支持。也可以选择持续领取年金的方式来补偿。还可以为未有控制权的子女购买人寿保险的方式，给予补偿。

另外，为避免传承后的大股东损害其他兄弟姐妹等小股东的利益，规范企业内部规章制度与公司章程，明晰可能出现的损害中小股东利益的事项，给中小股东一票否决权，保护他们的权益。

四、 可考虑股权信托的传承方式

信托是避免股权分散、避免家族纠纷的最好方式，将家族的股权作为信托财产，家族企业的所有权属于信托，同时形成独立的信托财产。家族成员只享受委托人和信托公司约定的受益分配。

股权信托使家族成员不能直接触碰股权，不能处置股权，这样可以确保股权一直集中。

总之，股权传承，不但是家族财富的传承，还是家族企业的传承，要让企业平稳过渡与持续发展，企业的领导人必须要设计好股权结构、传承方式，给企业一个稳固的基础。

第四节　家族企业传承中的接班人危机应对策略

家族企业，一般都会以某一个灵魂人物为中心而创立，权力与掌门人权威高度集中。这在初创时代，带来了低成本和快速决策的优势，但在代际传承时，却成了巨大的挑战。

如图 10-1 所示，对家族企业的成员来说，都有三个方面的

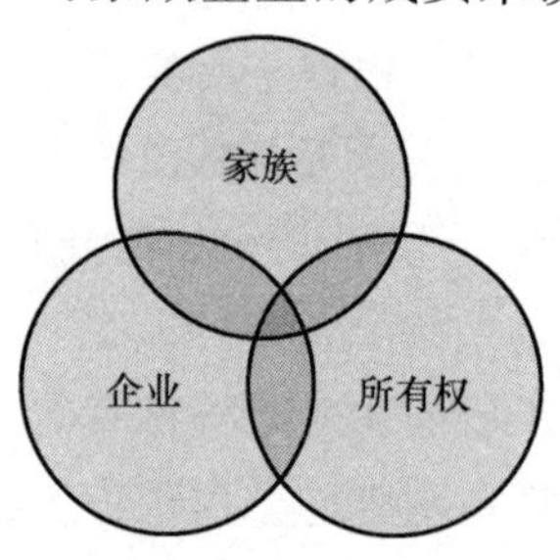

图 10-1　家族、企业和所有权之间的关系

身份归属问题，分别是家族企业和所有权。掌门人通常在这三个系统内都有绝对的权威，才能同时控制家族的和谐和企业的平稳发展。

在传统权威理论中，与家族、企业和所有权这三个系统相对应的正好是传统权威、管理权威和法理权威。其中，法理权威是唯一可以继承的，股权提供的法定权力，如投票权、收益权和转让权，有效保证了法理的权威性。即获得了决定性的多数股权，也就获得了所有权，建立起权威。

而家族系统内的传统权威主要是来源于家族的文化和价值观。一般来说，中国的传统文化中，儒家伦理提倡小辈服从长辈、妻子服从丈夫，这种文化为家族长子提供了绝对的传统权威。中国的很多高净值人士建立的家族企业都是长子为掌门人，在企业中权威和家族中的权威重合，因此几乎省却了这种建立权威的努力。

即使没有家族的权威，掌门人在选择家族成员进入企业的时候，不大可能选择权威超越自己的人，避免管理不善。而接班人面临的环境则没有这么单纯，他面临的是上一代已经配置好了的经营管理团队，这个团队在家族企业的成长里还被验证为优秀的团队，接班人几乎没有选择权，要想接稳权杖，他只能重塑权威，除了所有权上的法理权威，他既要在家族内部树立传统权威，又要在企业内部建立管理权威。

一家经营运动品品牌的家族企业，创始人发现第二代中没有合适的继承人，于是将继承重任放在了第三代中。但在三代接班人成长的过程中，二代也参与企业的经营管理。虽然二代的几个兄弟姐妹能力不是特别突出，但都有自己的人脉和独特的处理事务的模式。而且，他们都希望自己的后代接班，这就为创始人选定的接班人增加了诸多障碍。

每个平庸的二代都有一个接班团队和一个候选接班人，创始人选择的第三代接班人还没有接手，家族内部和企业内部就已经四分五裂。第三代刚刚接手，在企业内部尚没有积蓄足够的团队能量，就想要回购其他兄弟姐妹的股权，却遭到了他们的合力打击。面对家族内斗，以及还要融合整个企业的凝聚力，第三代感到十分吃力。最终，他被一位叔叔打败，丧失了继承权。

在家族财富传承中，因为接班人没有在家族内部建立起权威致使家族企业瘫痪的例子屡见不鲜。同样，在企业的运营发展过程中，也会有一批跟随掌门人一起奋斗的族外人，他们没有所有权，但对企业同样付出了心血，在企业内部也逐渐树立起权威。当接班人并不具备接班的素质，没有管理能力，或者以侵犯他们的利益的方式塑造权威，势必也会遭到他们的抵抗。

外姓员工对企业没有长远的使命感，当企业掌门人用魅力激发他们的创造力，让他们的自我价值得到满足，他们会愿意为企业做贡献。一旦接班人不符合他们的职业理念，不能让他们有更好的发挥空间，他们就可能选择离开。

建立起管理权威，是接班人管理企业的合法性基础，只有企业职员对接班人的能力和意愿都接受时，接班人才能建立起管理权威。但能力需要考验，而意愿则需要感情交流。这就需要接班人实打实地努力，一砖一石地重建，没有时间的验证，管理权威很难树立。

那么，应该怎么做才能顺利传承呢？

一、 方太的“三三制”

方太集团实行的“三三制”九年计划非常受推崇。所谓三三制，就是分三个三年阶段进行管理权下方，保护二代传承。

第一个三年，即“带三年”。这三年以创一代为主，二代接班人进入企业，被赋予部分权力，一边和企业磨合，一边和创一代进行磨合。重大的事项，如与政府机构、媒体机构的沟通，以及和合作伙伴的谈判，都是以创一代为主，接班人旁听。

第二个三年，即“帮三年”。创一代大幅度放权，更多的精力用于铺路。接班人由于有了三年的企业管理的经验，能更好地建立营销团队和营销理念。由于年轻人的理念新，有十足的冲劲，可以以这三年的时间一边稳定管理权威，一边创新改革，给自己也给企业创造多重机会。

第三个三年，即“看三年”。创一代彻底退出，管理权全部下放，而且选择不干涉，只观望的态度。接班人可以大刀阔斧地进行改革，将自己对企业文化、愿景、经营哲学的理解注入企业中，实现在企业中的权威最大化。

在这个传承计划中，不但给了接班人训练和成长的机会，同时也给了接班人放手创新的机会，是一个相对完美的接班计划。因为企业永续经营的根本在于竞争力、创新能力，能够激发接班人的创新能力，也就是在提高家族企业的创富能力，为家族财富的增值提供了更好的途径。

在代际传承中，接班人需要创一代这种“扶上马，送一程”的帮扶工作。这个过程中，创一代传递了智慧、经验、人脉关系，磨炼了接班人的能力。同时，创一代在家族内和企业内的权威能帮助接班人制衡企业内的年长家族成员、权威管理人员，给接班人慢慢树立权威的机会。

二、 李锦记的磨炼法

李锦记在《李锦记家族宪法》中明确规定了接班人的培养

计划。首先，后代具有自主选择是否进入家族企业的权利。其次，选择了家族企业，需要符合以下几个条件才能进入：至少要大学毕业，至少要在外部企业工作过3～5年，以获取经验，如果在外部打拼有所成就，李锦记在需要时可以根据其市场价值将其挖回；应聘程序和入职考核，与外部员工一致，不提供特惠，而且必须要从基层做起；对于无法胜任的，可以给一次学习改进的机会，若仍无长进，辞退。

对于富二代来说，有更好的资源，但同时也可能有更大的懈怠性，因此，这样的磨炼计划，可以让他们将自己与家族的财富剥离开，更重视自我价值，愿意不断提高自我修养和自我创造力。这种精神，在进入企业后，能使其更快速地承担起责任，并通过从底层成长的方式来获得权威。

总之，创一代的权威难以复制，接班人进入企业，必须要做好一砖一瓦重塑权威的准备，或者致力于开创新事业，为企业做增量，既能迅速建立新权威，又能促进企业的发展壮大，可谓一举两得。

后 记

在家族财富管理市场萌芽发展的那些年，我先后参与了十余家国企、上市公司及行业龙头公司的咨询、投资、并购及投后管理工作，主要包括国家电网、中国移动、中信建投、石化盈科、金蝶软件、恒生电子、华润三九、上海医药、药明康德、泰格医药、步长制药、佛慈制药、爱康国宾、康普生物、心医国际、奇虎360、巨人科技、大众点评、喜马拉雅、沪江网、蔚来汽车、百度外卖等。

无论是在投资管理方面，还是在家族财富管理方面，我意识到，国人的财富梦想从几十年前的“万元户”到如今的世界首富，已经越来越辉煌，越来越耀眼。如今的中国又是世界经济稳定成长的发动机，成了全世界财富梦想的黄金之地。“中国梦”让所有人充满了希望和梦想，国人不缺创富的机会，却缺乏让财富永续的思维方法。

写这本书给了我们重新看待财富和审视自我的机会。我也期待所有的读者从这本书中读到的不光是创富理财的方法、家族财富管理之道，还能够学会审视自己，审视自己的财富意识，审视自己的创富思维和守富思维。

关于创富

目前，随着国家经济的发展，人工智能的研究升级，企业也在升级换代。部分产能过剩的、被时代淘汰的企业，渐渐退出舞台。一些受过专业教育的年轻企业家，给创业以全新的理念，给产业以拓宽式、颠覆式赋能，将更有创造力的企业展现在创业舞台，给传统的家族产业造成了直接冲击。

我在从事投资管理行业和撰写这本书收集资料时，都遇到过很多这样的富二代，他们不屑于家族财富传承的负担，反而急于在如今的创业大潮中建功立业，想成为创二代。而创一代既不理解当下企业的成功模式，也不理解他们的接班人这种“自讨苦吃”的创业思维。两代人无法在财富再创造中达成一致，结果各奔东西，对立矛盾，造成对既有资源的极大浪费。

很多家族新一代年轻人更看重把握时代脉搏的机敏，敢于跳出当下的灵动思维，他们认为这才是创富的条件。但其实，创富首先要对既有资源进行充分利用和挖掘，让财富创造更多的财富，让价值发挥更大的价值。

卡耐基说：“财富本身并没有意义，除非你能以超越自我的方式运用财富。”

写这本书，我最大的收获就是更愿意深入思考身边还有哪些尚未发现的既有资源，并愿意设计符合时代需求的新规划，合理利用这些既有资源。

关于守富

可能中国的读者更喜欢看白手起家力挽狂澜奔向成功的案例，可这本书里写了不少守富失败的案例。我的目的无外乎给读者以启发和警醒，但更想告诉读者的是，失败其实有一定的时效性。

人们常说守富比创富更难，创富只要能保证正确的人在正确的时间做了正确的事即可，而守富是不管天时地利人和怎样，都要去坚持做。但守富也拥有创富所没有的一个机能，那就是创富的丰富资源给了守富一定程度的试错性，聪明的人，会充分使用这个机能，检验自己的思想、方向、策略、路线等，不断自省，不断修正，把失败扼杀在萌芽中，让成功水到渠成。

吴晓波在《大败局》中说："失败是一个过程，而不是一个结果。"这话对高净值人士更具有指导意义。如褚时健的褚橙，创富阶段积累的那些优质资源，灾难面前不停地反省，这些在他的第二次成功创业中都发挥了巨大的作用。

所以，守富不光是守住财富，还是守住资源，守住不停反省的自我。我们常常谈初心，守住初心，其实就是守住一个能不停反省的自我。

财富说起来就是钱，但本书中的财富超越了钱，财富的内涵和外延都太过深广，家族财富管理之道就包含在这些丰富的内容中。要发现独属于自己的财富管理之道，必须要跳出既有的财富意识，以传承和持续发展的理念，以更宽广的视角、更宽容的心态、更博深的认知去看待财富才好。

致　谢

仅以此书献给张建华教授，缅怀并感谢张建华教授对中国家族财富管理办公室的发展做出的卓越贡献。

张建华教授，曾是北京大学领导力研究中心首席管理学家、管理学教授，中央电视台《对话》节目嘉宾，汉景家族办公室首席管理学家，长期关注中国家族企业传承，是国内系统提出家族企业传承方法、途径和步骤的学者，主要著作有《向解放军学习：有效率组织管理之道》《企业员工的三大纪律八项注意》《公务员的三大纪律八项注意》《家族传承》等。

感谢张建华教授生前为此书积极筹备，对成书功不可没。不仅如此，在生病期间，他还为本书内容的完善提供了大量的宝贵意见。

本书能够顺利完成也离不开幕后为此书默默努力的所有工作人员，在此，我们深表感谢。希望本书能够给广大读者带来崭新的财富管理理念，做财富真正的主人！